교황의 언어

일러두기
이 책의 인명과 용어는 한국천주교주교회의 표기를 따랐습니다.

교황의 언어

사람을 품고 이끄는
리더의 언어

이광재 엮음

SIGONGSA

들어가며

지도자의 언어는 사람을 살리고 공동체를 살립니다

　유흥식 추기경님께서 로마로 발령을 받기 전, 인사를 드리러 찾아뵌 적이 있습니다. 당시 저는 프란치스코 교황님의 북한 방문을 통해 남북 평화의 기운을 만들 수 있기를 바라는 마음으로 여러 노력을 기울이고 있었습니다. 그런 이야기들을 나누던 중, 추기경님께서 프란치스코 교황님의 말씀을 담은 책 한 권을 건네주셨습니다. 그 책을 펼쳐보며 저는 문득 한 가지 깨달음을 얻었습니다.

　프란치스코 교황님은 매우 진보적인 생각을 가진 분입니다. 그런데도 그의 말은 상대의 마음을 상하게 하지 않으면서도, 담대하고 분명했습니다.

　'어떻게 이렇게 강한 주장을 하면서도 사람의 마음을 얻을 수 있

을까?'

그 질문에서 시작된 고민은 결국 하나의 생각으로 모였습니다.

'지도자의 언어란 무엇인가?'

자신의 뜻을 세상에 관철시키는 힘. 그럼에도 적을 만들지 않고, 사람을 품어내며 공동체를 이끄는 언어. 그것이 지도자의 언어가 아닐까 하는 생각이 들었습니다.

그래서 궁금해졌습니다. 역대 교황님들은 무슨 말씀을 하셨을까? 신부님을 만날 때마다 이렇게 여쭈었습니다.

"신부님, 사제의 삶을 살아오시며 마음을 붙들어 준 단 하나의 성경 구절이 있다면 어떤 말씀입니까?"

"또 신념이 있다면요?"

어떤 신부님은 이렇게 말씀하셨습니다.

"유다이모니아Eudaimonia. 하느님과 함께하는 기쁨입니다."

또 어떤 신부님은 잠들기 전 이렇게 기도하신다고 하셨습니다.

"거룩한 죽음을 맞게 하소서."

또 어떤 분은 이렇게 말씀하셨습니다.

"제 생각과 행위를 지켜 주소서. 저를 하얗게 불태우고 싶습니다. 인생을 타인을 위해 불태우고 싶습니다. 내가 더 불편하고, 상대가 덜 불편했으면 좋겠습니다."

어떤 신부님은 사회적 약자의 관점에서 세상을 보아야 한다고,

정치란 그런 이들을 높이는 일이라고 하셨고, 어떤 신부님은 갈라티아 신자들에게 보낸 서간 6장 14절을 말씀하셨습니다.

"나는 우리 주 예수 그리스도의 십자가 외에는 어떠한 것도 자랑하고 싶지 않습니다."

그 눈빛을 지금도 잊을 수 없습니다.

또 어떤 신부님은 요한 복음서 1장 39절의 말씀을 전해 주셨습니다.

"와서 보아라 Come and see."

또 요한 복음서 13장 34절의 말씀을 깊은 감동으로 전해 주신 분도 계셨습니다.

"내가 너희를 사랑한 것처럼 너희도 서로 사랑하여라."

"높은 계단에 오르지 않으면 떨어져도 덜 다칩니다."라는 말씀,

"무너지고 깨지면서 성자가 됩니다."라는 말씀,

"생각이 몸으로 나오고, 행동으로 증명되어야 합니다."라는 말씀도 깊이 다가왔습니다.

"평화를 원한다면, 총알로는 안 됩니다."라는 말씀은 가슴에 깊이 새겨졌습니다.

그리고 성경을 읽으며 가장 큰 울림을 받았던 구절은 이것이었습니다. 예수께서 십자가에 못 박히시고, 피를 흘리며 이 세상을 떠나기 전 외치신 절규,

"엘리 엘리 레마 사박타니? 저의 하느님, 저의 하느님, 어찌하여 저를 버리셨습니까?"(마태오 복음서 27장 46절)

그 고통의 절정에서, 예수님은 이렇게 말씀하십니다.

"아버지, 저들을 용서해 주십시오. 저들은 자기들이 무슨 일을 하는지 모릅니다."(루카 복음서 23장 34절)

자신을 죽음으로 몰고 간 사람들을 향해, 증오하지 않고 오히려 용서를 건네는 그 사랑. 그 언어는 오래도록 제 가슴속에 남아 있습니다.

우리는 한정된 인생을 살아갑니다. 그 속에서 우리는 수많은 선택을 하고, 수많은 말을 합니다. 타인의 마음을 움직이고, 세상을 변화시키는 힘이 되기 위해서 우리는 더 따뜻하고, 더 담대하고, 더 희망찬 말을 해야 합니다.

그런 생각에서 출발하여, 역대 교황님들의 말씀을 열두 가지 지혜의 기둥으로 엮었습니다. 교황님의 연설에는 버릴 문장이 없습니다. 교황님의 철학이 담겨 있고, 훌륭한 참모들이 다듬어 낸 언어이기에, 군더더기 없는 위대한 언어입니다. 이 열두 가지 주제에 대해, 독자 여러분도 한 번쯤 생각해 보셨으면 합니다.

우리가 하는 말 속에서 영혼이 싹트고, 우리가 하는 말 속에서 공동체를 지키려는 따뜻함과 아름다움이 살아 숨쉬고, 우리가 하는 말 속에서 미래를 향한 담대한 도전과 꺾이지 않는 의지가 함께하기를 바랍니다. 대한민국이라는 공동체 안에, 더 따뜻하고, 더 담대하며, 더 아름다운 이 책 『교황의 언어』가 퍼지기를 바랍니다. 그리고 그 언어가, 우리가 함께 나아갈 미래의 희망이 되기를 기도합니다.

 이 책이 나오기까지, 공부하시는 신부님들과 수녀님들께 많은 도움을 받았습니다. 제가 한 일은 참으로 미미합니다. 그분들의 기도와 헌신 덕분에 이 책이 세상에 나올 수 있었습니다. 깊이 감사드립니다. 이 책은 역대 교황들이 남긴 말씀을 담은 기록입니다. 시대와 지역을 넘어, 인간의 존엄과 평화를 향한 교황님들의 언어는 오늘을 사는 우리에게도 깊은 울림을 줍니다.

 이 책의 수익금 일부는 2027년 한국에서 열리는 가톨릭세계청년대회와 '순례자의 길'을 조성하는 데 보탤 예정입니다. 우리나라 천주교의 역사는 순교의 피 위에 세워진 믿음의 역사입니다. 이 책이 그 신앙의 발자취를 기억하고 이어가는 작은 디딤돌이 되기를 소망합니다.

 이 책의 마지막 교정을 보던 중, 프란치스코 교황님의 선종 소식을 접했습니다. 교황님의 영원한 안식을 기도드리며, "고통 앞에 중립은 없다"는 그분의 말씀을 마음 깊이 새깁니다.

차례

들어가며　　　　　　　　　　　　　　　　　　005

1부
우리 시대를 품는 교황님의 어록

1장　경제　✢　어떻게 함께 살아갈 것인가　　　　017
2장　노동　✢　일은 인간을 위해 존재한다　　　　028
3장　봉사　✢　섬기며 누리는 기쁨과 행복　　　　036
4장　사람　✢　최고의 가치는 곧 사람　　　　　　044
5장　사랑　✢　지금 후회 없이 사랑하라　　　　　051
6장　용기　✢　작은 실천이 이루는 진정한 힘　　062
7장　용서　✢　세상을 변화시키는 위대함　　　　073
8장　정의　✢　사랑과 함께할 때 더 빛난다　　　082
9장　정치　✢　국민은 강하고 위대하다　　　　　090
10장　평화　✢　그 진정한 의미에 대하여　　　　098
11장　환경　✢　모두의 미래를 지키는 실천　　　105
12장　희망　✢　고통을 딛고 피어나는 꽃　　　　114

2부
교황님 삶의 소명이 된 말씀

1장 순명과 평화 ✛ 성 요한 23세(261대 교황)   127

2장 동산에서 그분과 함께 ✛ 성 바오로 6세(262대 교황)   133

3장 겸손 ✛ 복자 요한 바오로 1세(263대 교황)   139

4장 온전히 당신의 것 ✛ 성 요한 바오로 2세(264대 교황)   143

5장 진리의 협력자 ✛ 베네딕토 16세(265대 교황)   151

6장 자비로이 부르시니 ✛ 프란치스코(266대 교황)   159

역대 교황목록   166

필사부록1 프란치스코 교황님의 말씀 따라 쓰기   174

필사부록2 교황님의 말씀 따라 쓰기   200

참고 문헌   214

사랑은
시간을 비롯한 실존 전체를
끌어안습니다.

베네딕토 16세, 「하느님은 사랑이십니다」, 6항

1부

우리 시대를 품는
교황님의 어록

1장

경제

어떻게 함께 살아갈 것인가

오늘날 우리의 경제 구조는 빠른 성장과 효율성을 강조하며 발전해 왔습니다. 덕분에 우리는 과거보다 풍요로운 삶을 누리고 있으며, 기술의 발달과 생산성 향상으로 더 많은 기회를 창출할 수 있게 되었습니다. 그러나 이러한 발전의 이면에는 점점 심화되는 불평등, 노동의 불안정성, 환경 파괴, 그리고 경제적 논리에 밀려 인간 존엄성이 위협받는 현실이 자리하고 있습니다.

교황님들께서는 이러한 경제 체제의 문제점을 깊이 성찰하며, 경제가 단순한 이윤 창출의 도구가 아니라 인간을 위한 것이 되어야 함을 강조하십니다. 특히, 가장 가난하고 소외된 이들, 가장 약한 이들을 돌보는 것이야말로 정의롭고 지속 가능한 경제를 만드는 핵심임을 말씀하십니다. 이제, 교황님들의 말씀을 통해 우리가 어떠한 경제 질서를 지향해야 하는지, 그리고 그 속에서 우리 각자가 어떤 역할을 할 수 있을지 함께 생각해 봅시다.

✣

상대주의 문화는 한 사람이 다른 사람을 이용하고 단순한 대상으로만 취급하여 강제 노동을 시키거나 빚을 명분으로 노예로 부리는 것과 다름없는 질병입니다. 이와 같은 논리로 아동을 성적으로 착취하고 이익에 보탬이 안 되는 노인을 유기하게 되는 것입니다. 이는 또한 시장의 보이지 않는 힘이 경제를 지배하도록 내버려 두어야 한다고 주장하는 이들의 내적 논리이기도 합니다. 이들은 그러한 힘이 사회와 자연에 해로운 영향을 미치는 것은 어쩔 수 없는 일이라고 합니다. 우리 저마다의 욕망과 즉각적 욕구를 충족하는 것 외에 객관적 진리나 확고한 원칙이 없다면, 인신매매, 조직 범죄, 마약 매매, 아프리카 분쟁 지역의 불법 다이아몬드 매매, 멸종 위기 동물 가죽의 매매를 어떻게 제한하겠습니까? 가난한 이들의 장기를 팔거나 실험에 이용하려고 구매하고, 부모의 바람에 어긋난다고 해서 아이를 '버리는' 것도 이러한 상대적

논리와 같지 않겠습니까? 이는 '쓰고 버리는' 논리와도 같습니다. 프란치스코, 「찬미받으소서」, 123항

오늘날 경제 체제는 사람들을 사회에서 다양한 방식으로 배척합니다. 가정은 특히 일자리와 관련된 문제로 고통을 받습니다. 젊은이들에게 일자리가 거의 없고, 일자리 조건도 상당히 까다롭고 불안정합니다. 노동 시간이 늘고 종종 출퇴근 시간이 길어져 부담이 늘게 됩니다. 이러한 상황은 가족들끼리, 또는 부모와 자녀가 날마다 함께 모여 가족 관계를 돈독하게 하는 데에 도움이 되지 않습니다. 프란치스코, 「사랑의 기쁨」, 44항

인간 고유의 존엄성의 존중은, 사람들이 도시 생활에서 감내해야 하는 혼란스러운 생활과 흔히 마찰을 빚습니다. 그러나 우리는 소외와 무시를 당하는 농어촌 지역 주민들의 처지도 잊어서는 안 됩니다. 농어촌에는 기본적인 공공시설이 없고 좀 더 존엄한 삶의 권리나 희망 없이 노예의 처지로 추락하는 노동자들이 존재합니다. 프란치스코, 「찬미받으소서」, 154항

경제는 이윤을 목적으로 모든 기술 발전을 받아들이며 인간에게 미치는 잠재적 악영향에 관심을 기울이지 않습니다. 금

융은 실물 경제를 질식시켜 버립니다. 우리는 세계 금융 위기에서 교훈을 얻지 못했고, 환경 훼손에서는 너무 더디게 교훈을 얻고 있습니다. 프란치스코, 「찬미받으소서」, 109항

기후 변화는 세계적 차원의 문제로 환경, 사회, 경제, 정치, 재화 분배에 심각한 영향을 미치고 있습니다. 이는 오늘날 인류가 당면한 중요한 도전 과제입니다. 수십 년 안에 아마도 개발 도상국들이 가장 심각한 타격을 받게 될 것입니다. 대부분 가난한 이들은 온난화와 관련된 현상에 특별한 영향을 받는 지역에서 살고 있으며, 그들의 생계는 자연 보호 지역과, 농업과 어업과 삼림업과 같은 생태계에 관련된 일에 크게 의존합니다. 이들은, 기후 변화에 적응하거나 자연재해에 대처할 수 있는 자금이나 자원을 확보하지 못하고, 사회 복지나 사회 보장 제도의 혜택을 받지 못합니다. 프란치스코, 「찬미받으소서」, 25항

전쟁, 테러, 인종적·종교적 박해, 그리고 인간 존엄성에 대한 많은 침해는 본질적으로 경제적 이득으로서 특정 이해관계에 적합한지에 따라 달리 판단됩니다. 한 권력자에게 편리할 때는 참이던 것이 그의 이득과 무관해지면 더 이상 참이 아

닙니다. 프란치스코, 「모든 형제들」, 25항

우리는 폭력을 일삼는 자들과 맹목적 야망을 키우며 불신과 거짓말을 퍼뜨리는 자들의 사고방식에 굴종해 버리고 마는 스스로를 발견할 수도 있습니다. 정치나 경제를 권력 게임의 장이라고 생각하는 이들도 있을 수 있습니다. 프란치스코, 「모든 형제들」, 77항

어떤 사람들은 경제적으로 안정된 가정에 태어나 좋은 교육을 받고 건강하게 성장하거나 타고난 훌륭한 재능을 지니고 있습니다. 분명 그들은 능동적인 국가를 필요로 하지 않고 오직 자신의 자유만을 주장할 것입니다. 그러나 장애인, 몹시 가난한 가정에서 태어난 이들, 좋은 교육을 받지 못한 사람들, 자신의 병을 치료할 적절한 의료 서비스를 전혀 받을 수 없는 사람들에게는 분명히 같은 규칙이 적용되지 않습니다. 사회가 시장의 자유와 효율성을 우선 기준으로 삼아 운영된다면 이러한 사람들을 위한 자리는 없으며 형제애는 그저 또 다른 막연한 이상으로만 남을 것입니다. 프란치스코, 「모든 형제들」, 109항

우리는 "인간이 모든 경제 사회 생활의 주체이며 중심이고 목적"임을 확신합니다. 그러나 우리 인간이 관상觀想하고 존중하는 능력을 잃으면 노동의 의미를 왜곡하는 상황이 벌어집니다. 인간은 "물질적 복지를 도모하고 윤리적 향상을 추구하며 영신靈神 기능을 계발할 수 있는" 능력을 지니고 있음을 언제나 명심할 필요가 있습니다. 노동은 이렇게 개인의 다양한 성장을 위한 자리가 되어야 합니다. 여기에서 창의력, 미래 설계, 재능 계발, 가치 실현, 타인과의 대화, 경배와 같은 삶의 여러 측면이 나타납니다. 그러므로 오늘날 세상의 사회 현실은, 편협한 기업 이윤과 모호한 경제적 합리성을 뛰어넘어, "계속하여 모든 사람의 안정된 고용 보장을 최우선 과제"로 삼을 것을 요구합니다. 프란치스코, 「찬미받으소서」, 127항

인권 존중은 "한 나라의 사회 경제 발전의 전제 조건입니다. 인간이 존엄성을 존중받고 자기 권리에 대한 인정과 보장을 받을 때에, 창의성과 진취성도 꽃을 피우고 인간의 개성으로 공동선을 위한 다양한 계획들이 이루어질 수 있습니다." 프란치스코, 「모든 형제들」, 22항

우리를 둘러싸고 지탱해 주는 세상을 돌보는 일은 우리 스스

로를 돌보는 일입니다. 그런데 이 공동의 집에 거주하는 하나인 '우리'를 이루어야 할 필요가 있습니다. 당장 이윤을 요구하는 경제 권력은 이러한 돌봄과 무관합니다. 프란치스코, 「모든 형제들」, 17항

오늘날 우리는 신앙인이든 아니든 모두, 지구가 본질적으로 공동 유산이므로, 그 열매는 모든 이에게 유익이 되어야 한다는 사실에 동의합니다. (…) 따라서 모든 생태적 접근은 가장 취약한 이들의 기본권을 배려하는 사회적 관점을 포함해야 합니다. 그래서 사유 재산이 재화의 보편 목적에 종속된다는 원칙, 곧 공동 사용 권리는 사회 활동의 '황금률'이고 "윤리적 사회적 질서 전체의 제1원리"입니다. 프란치스코, 「찬미받으소서」, 93항

발전에 관계된 국가들과 국제 공동체에 던져진 큰 윤리적 도전은 새로운 연대성의 용기를 갖는 일로서, 이 용기는 비인간화시키는 저개발과 그 어느 때보다도 억압적인 소비주의의 그물망 속에서 인간을 경제적 개체로 축소시키는 '과도한 발전'을 극복하고자 창조적이며 효과적이고 진보적인 방안을 취할 수 있는 것을 말합니다. 성 요한 바오로 2세, 「아시아 교회」, 32항

발전의 주요 요인들과 목적은 인간 존재이지 결코 부(富)나 기술이 아닙니다. 결과적으로, 교회가 추진하는 발전이란 경제와 기술의 문제 훨씬 그 이상의 것입니다. 성 요한 바오로 2세, 「아시아 교회」, 33항

노동자와 고용주는 인간 연대의 원칙과 그리스도교적 형제애의 규범에 따라 그들의 상호 관계를 이루어나가야 한다. 이른바 자유주의자들이 주장하고 선전하는 무제한의 경쟁이나 마르크스주의적인 의미의 계급 투쟁은 모두 그리스도교 교리에 어긋날 뿐 아니라 바로 인간의 본성과도 완전히 상반되는 것이다. 존경하는 형제 여러분, 이러한 원리들이 바로 경제, 사회 질서의 바탕이 되어야 할 근본이다. 성 요한 23세, 「어머니요 스승」, 23-24항

모든 형태의 경제 활동은 반드시 사회생활의 주요 법칙인 정의와 사랑이 지배하여야 한다. 성 요한 23세, 「어머니요 스승」, 39항

여기에서 어떤 국민의 경제적 번영을 소유 자산의 총액으로 평가하기보다는 오히려 정의의 규범에 따라 이루어지는 재화의 분배로써 평가하여야 한다는 원칙이 나온다. 성 요한 23세,

「어머니요 스승」, 74항

불평등의 근절을 위하여 각 지역의 잠재력을 일깨워 지속 가능한 평등을 보장하는 데에 도움이 되는 경제 성장이 요구됩니다. 프란치스코, 「모든 형제들」, 161항

실제로 모든 이가 경제적 자유의 참다운 혜택을 누리게 하려면, 경우에 따라서는 더 많은 자원과 경제력을 가진 이들에게 제한이 가해져야 합니다. 현실은 많은 사람들이 실제로 경제적 자유를 얻지 못하게 가로막고 있으며 고용 기회가 계속 축소되고 있는데, 단지 경제적 자유만을 요구하는 것은 정치에 명예롭지 못한 모순된 주장입니다. 기업 활동은 부를 창출하고 모든 이를 위하여 더 좋은 세상을 만들어 나가야 할 고귀한 소명입니다. 기업이 일자리 창출을 공동선共同善에 이바지하는 필수 요소로 여긴다면 그 활동 지역의 풍요로운 번영의 원천이 될 수 있습니다. 프란치스코, 「찬미받으소서」, 129항

경제에서 국민 개인과 국가 지도자들이 공동 노력을 기울이지 않으면 결코 질서 있고 번영하는 사회를 이룩할 수 없다는 것은 바로 역사의 과정 그 자체에서 분명히 알 수 있다.

즉, 서로 화합하는 노력으로 경제 활동이 이루어져야 하며, 그 양편의 노력은 변화하는 시대 상황에서 각기 공동선의 요구에 최대한 부응하여야 한다. 성 요한 23세, 「어머니요 스승」, 56항

우리는 국제 정책들과 세계 경제의 입안자들에게, 관용의 문화 그리고 다 함께 평화롭게 사는 문화를 널리 퍼뜨리기 위하여 열심히 노력해 줄 것을 당부합니다. 또한 최대한 서둘러 무고한 피 흘림을 멈추는…… 일에 앞장서기를 바랍니다. 프란치스코-아흐메드 알타예브 공동 선언, 세계 평화와 더불어 사는 삶을 위한 인간의 형제애

─┼─

교황님들께서 말씀하셨듯이, 경제가 인간을 위한 것이 되지 못하고 오히려 인간이 경제의 도구로 전락할 때, 사회는 더욱 심각한 불평등과 소외, 그리고 공동체의 해체를 맞이하게 됩니다. 우리는 경제 성장을 목표로 삼는 데 그치지 않고, 누구도 소외되지 않는 경제, 인간의 존엄성을 지키는 경제, 지속 가능한 경제를 만들어가야 합니다. 지금 우리가 형성하는 경제 구조가 미래 세대에 어떤 영향을 미칠지 고민하며, 보다 정의롭고 따뜻한 경제 질서를 구축하기 위한 실천 방안을 함께 찾아야 할 때입니다.

경제는 단순히 돈과 시장의 흐름이 아니라, 인간 공동체가 어떻게 함께 살아가는가에 대한 문제입니다. 우리 모두는 굶주린 이웃을 외면하지 않는 마음, 어려운 상황에서도 함께하려는 마음을 지니고 있습니다. 그러나 현대 사회에서는 효율과 경쟁, 개인의 이익이 우선시되면서 이러한 인간 다움이 점점 희미해지고 있습니다. 그렇기에 오늘날 더욱 절실한 것은 '이웃을 향한 사랑'입니다. IMF 위기 속에서 서로 돕고자 했던 연대의 정신, 코로나19 때 사회 곳곳에서 이루어진 나눔의 손길을 떠올리며, 우리 안에 자리한 선한 마음을 다시 한번 돌아볼 때입니다. 인간이 경제를 위해 있는 것이 아니라, 경제가 인간을 위한 것임을 새겨야 할 때입니다.

2장

노동

일은 인간을 위해 존재한다

1970년에 우리나라 노동-학생 운동의 시발점이 된 사건이 있습니다. 바로 전태일 열사의 분신 시위입니다. 전태일 열사는 열악한 노동 조건과 인권 침해에 대항하였고, 이는 우리 사회에 노동 문제에 대한 사회적 관심과 각성을 불러일으켰습니다.

사실 단순히 노동의 장소, 환경이 열악한 것이 주된 문제가 아니었음은 우리가 이미 잘 알고 있습니다. 무엇보다 인간이 노동을 위해 존재하게 되고, 노동이 인간다운 삶의 실현이 아니라 불의와 착취를 통해 몇몇 사람들의 이득을 위해 존재하였기 때문입니다.

그러나 55년이 지난 지금도 노동의 문제는 지속되고 있습니다. 분명 노동의 환경은 그때와 같지 않지만 아직도 많은 불의와 착취,

구조적 문제는 노동의 참뜻을 망각하고 인간성의 구현이 아닌 인간이 노동의 노예가 되어 버리는 상황이 발견됩니다. 그렇다면 과연 노동의 참된 의미는 무엇이고, 우리 시대에 노동이 어떻게 존재해야 하는지 교황님들의 지혜를 들어 봅시다.

✢

> 노동이란 바로 인격의 직접적인 표출이므로 그 본질상 수단의 위치에 있는 외적 재화의 부요富饒보다 우선하여야 한다. 이러한 견해는 분명히 인간 진보의 증거다. 성 요한 23세, 「어머니요 스승」, 107항

> 노동은 바로 인격에서 우러나오는 것이므로, 이 노동은 결코 상품으로서만 취급될 수 없다. 대다수의 사람들에게는 노동이 생계 유지의 유일한 소득원이므로, 그 보수는 시장의 관행이 아니라 참으로 정의와 형평의 법칙에서 결정되어야 한다. 그렇지 않다면, 비록 쌍방이 자유롭게 맺은 노동 계약이라 할지라도 정의에 완전히 어긋나는 것이다. 성 요한 23세, 「어머니요 스승」, 18항

우리가 인간과 그 주변 세계의 올바른 관계를 성찰하려면 노동의 개념을 바르게 이해할 필요가 있습니다. 우리가 인간과 사물의 관계를 말할 때, 현실에 대한 인간 활동의 의미와 목적을 묻게 되기 때문입니다. 이는 육체노동이나 농업뿐 아니라 사회 연구 개발부터 기술 개발 계획에 이르기까지 모든 기존 현실의 변화를 포함하는 활동을 말하는 것입니다. 온갖 형태의 노동은 우리가 다른 존재와 맺을 수 있고 또 맺어야 하는 관계의 개념을 전제로 합니다. 프란치스코, 「찬미받으소서」, 125항

인간은 하나의 인격체이므로, 인간은 노동의 주체가 된다. 하나의 인격체로서의 인간은 일을 하고 노동 과정에 속하는 다양한 활동들을 수행한다. 이러한 활동들은 그 객관적인 내용과는 별도로 인간의 인간성을 구현시키고, 바로 그 인간성 때문에 인간에게만 고유한 인격체로서의 소명을 완수하는 데 사용되어야 한다. 성 요한 바오로 2세, 「노동하는 인간」, 6항

창조 때부터 우리는 노동하라는 부르심을 받았습니다. 인간의 노동을 점진적인 기술 발전으로 대체하려 해서는 안 됩니다. 이는 인류에게 해악을 끼칠 것입니다. 노동은 반드시 필요합니다. 노동은 이 땅에서 살아가는 의미에 속하며, 성장과 인

간 발전과 개인적 성취의 길입니다. 프란치스코, 「찬미받으소서」, 128항

노동은 단순히 돈을 버는 수단만이 아니기 때문입니다. 노동은 인간 존엄의 표현이고, 성장과 사회 통합의 길입니다. 또한 노동은 책임감과 창의성을 북돋우는 지속적인 동기부여가 되고, 개인주의와 자기만족으로 기우는 경향에서 보호해 줍니다. 프란치스코, 「그리스도는 살아 계십니다」, 271항

"온 땅에 퍼져서 땅을 정복하여라." 성경 첫 장에 있는 말씀이다. 이로써 우리는, 세상 만물이 다 인간을 위하여 창조되었음과 이것을 현명하게 이용하며 더 큰 이익을 위하여 노동으로 완성할 사명이 인간에게 맡겨졌음을 알 수 있다. 땅은 각 사람에게 필요한 양식과 발전의 수단을 제공하기 위하여 창조되었으므로 누구든지 필요한 것을 땅에서 찾을 권리가 있다. 성 바오로 6세, 「민족들의 발전」, 22항

만일 노동자가 자신의 노동으로써 자신을 인간으로 다소 완성하도록 하는 것에는 관심 없이, 노동이 그 생산과 소득만을 극대화하도록 조직되면, 이 노동에는 소외가 일어나는 것이다. 성 요한 바오로 2세, 「백 주년」, 41항

노동은 반드시 필요한 것이기 때문입니다. 노동은 이 땅에서 살아가는 의미에 속하며, 성장과 인간 발전과 개인적 성취의 길입니다. 프란치스코, 「그리스도는 살아 계십니다」, 269항

노동은 개인의 다양한 성장을 위한 자리가 되어야 합니다. 여기에서 창의력, 미래 설계, 재능 계발, 가치 실현, 타인과의 대화, 경배와 같은 삶의 여러 측면이 나타납니다. 그러므로 오늘날 세상의 사회 현실은, 편협한 기업 이윤과 모호한 경제적 합리성을 뛰어넘어, 계속하여 모든 사람의 안정된 고용 보장을 최우선 과제로 삼을 것을 요구합니다. 프란치스코, 「찬미받으소서」, 127항

노동과 관련하여 '품위'라는 말이 의미하는 것은 무엇이겠습니까? 그것은 개별 사회 안에서 모든 인간의 본질적 존엄을 드러내 주는 노동을 의미합니다. 곧, 남녀 모든 노동자가 그들 공동체의 발전에 실질적으로 참여하면서 자유롭게 선택하는 노동, 노동자가 존중받고 어떠한 차별도 받지 않을 수 있는 노동, 가정의 필요를 충족시켜 주고 자녀가 육체 노동으로 내몰리지 않고도 학교 교육을 받을 수 있게 해 주는 노동, 노동자들이 자유롭게 노동조합을 결성하고 발언권을 가

질 수 있게 해 주는 노동, 개인적 가정적 정신적 차원에서 자신의 뿌리를 재발견할 충분한 여지를 주는 노동, 은퇴자들이 품위 있는 생활 수준을 유지할 수 있게 해 주는 노동을 의미합니다. 베네딕토 16세, 「진리 안의 사랑」, 63항

오늘날에 노동한다는 것은 다른 이들과 더불어 노동하는 것이고, 다른 이들을 위하여 노동하는 것이며, 어떤 이를 위하여 어떤 것을 하는 것이다. 인간이 땅의 생산 능력을 인식하기 위하여, 그리고 노동하는 목적이 되는 다른 사람들의 욕구를 알아듣는 데 총명할수록 그만큼 노동은 풍옥豐沃하고 생산적이다. 성 요한 바오로 2세, 「백 주년」, 31항

각 사람은 노동권을 가지고 직업을 통하여 자기 능력과 자기 인격을 발전시킬 수 있으며 정당한 보수를 받아야 할 권리를 가진다. 정당한 보수란 "본인과 그 가족들에게 물질적, 사회적, 문화적, 정신적 생활을 품위 있게 영위할 수 있을 정도"라야 하고 또 누구나 다 질병과 노년기에 필요한 도움을 받을 권리가 있다. 성 바오로 6세, 「팔십 주년」, 14항

아무리 인간이 일할 운명을 타고났고 소명을 받았다 해도 우

선적으로 노동이 '인간을 위해' 있는 것이지 인간이 '노동을 위해' 있는 것은 아니라는 사실이다. 이러한 결론을 통해 누구나 당연히 노동의 객관적 의미보다 주관적 의미가 더 현저하게 부각됨을 깨닫게 된다. 상황을 이렇게 파악해 볼 때 인간이 하는 여러 가지 일들에 크든 작든 객관적인 가치가 있음을 인정하지만, 그러나 우리가 보여 주고자 하는 것은 무엇보다도 노동의 주체, 즉 일을 성취하는 개인인 그 인격체의 존엄성을 척도尺度로 삼아 각각의 노동은 평가되어야 한다는 점이다. 다른 한편으로는, 이 노동이 그 활동에 대한 목적 — 때로는 대단히 요청되는 것이지만 — 을 지닌다 해도 모든 인간이 하는 노동과는 별도로 이 목적만으로는 아무런 결정적인 의미를 지니지 못한다. 사실 결론적으로 분석해 볼 때, 어떤 노동이든 인간이 하는 것이라면 비록 그것이 사회 통념상으로 단지 '서비스'로서의 가치밖에 없거나 대단히 단조로워서 소외된 노동으로서의 가치밖에 없다 하더라도 노동의 목적은 항상 인간인 것이다. 성 요한 바오로 2세, 「노동하는 인간」, 6항

✢

프랑스의 작가 볼테르가 1759년에 쓴 철학적 풍자 소설인 『캉

디드 혹은 낙관주의 Candide, ou l'Optimisme』에 이런 말이 나옵니다. "노동은 우리를 커다란 세 가지 악, 곧 권태와 방탕 그리고 가난에서 벗어나게 하지요." 소설에서 이 대사는 맹신 때문에 무력해지는 인간의 삶을 피하고 삶의 개선을 위해 실천해야 한다는 의미로 사용됩니다. 즉 우리 삶이 진정한 의미를 지니고, 자신을 개발하고 나아가기 위해 노동은 인간 실현을 위해 중요한 요소라는 것입니다.

그러나 요즘 시대에 인간 발전과 실현을 위한 노동의 기회조차 갖지 못하거나, 기회를 갖더라도 불의한 노동으로 인간성을 상실하는 경우도 많이 발생합니다. 그러나 우리는 언제나 인간이 노동을 위해서 태어난 것이 아니라 노동이 인간을 위해 존재한다는 것을 기억해야 합니다. 이것이 바로 노동의 참 의미이며, 노동이 우리를 인간다운 삶을 살 수 있도록 인도할 것입니다.

3장

봉사

섬기며 누리는 기쁨과 행복

우리는 아름다운 인생을 살아가고 싶어 합니다. 그래서 우리는 공부를 하고, 취직을 하고, 가정을 꾸리고, 자기 계발을 하고, 운동이나 독서 등 많은 노력을 하면서 자기 삶을 가꾸어 나갑니다. 이러한 우리들의 자신을 향한 노력들도 정말 소중하지만, 인생의 모든 노력들을 자기 자신에게만 쏟는다면, 우리는 함께하는 기쁨을 잃어 버리고 혼자 고독 속에서 살게 될 것입니다. 들을 수도, 볼 수도 없는 장애를 갖고 있었지만, 자신보다 더 어려운 이들을 위해 봉사하고, 인권 운동과 다양한 사회 운동을 한 헬렌 켈러는 이런 말을 하였습니다. "남을 위한 인생을 살 때, 가장 감동적인 인생이 되는 것을 나는 발견하였다."

우리는 혼자 살아가는 사회를 살아가는 것이 아니라 더불어 살아가고 있습니다. 주변 사람들의 도움과 봉사 없이 혼자 살아갈 수 있는 사람은 아무도 없습니다. 우리는 가정, 학교, 사회, 국가 등 다양한 곳에서 많은 사람들의 봉사와 사랑을 받았고, 우리 마음에 그들의 봉사와 사랑은 깊이 남아 있습니다. 우리가 받은 봉사와 사랑을 그저 마음속에만 놓아두는 것이 아니라 다시 공동체에 전해 주기 위해 노력할 때에 우리의 인생은 지루한 인생이 아닌 아름답고 감동적인 인생이 될 것입니다. 우리에게 봉사의 참뜻과 가치를 알려 주시는 교황님들의 말씀을 경청해 보도록 하겠습니다.

✢

오늘날 세상 도처에 널려 있는 오락거리들도 우리의 여가 시간을 절대적인 것으로 여기게끔 만듭니다. 그래서 우리는 재미나 일시적 즐거움을 주는 것들에 한없이 빠져들 수 있습니다. 결과적으로, 자기 사명에 대하여 회의를 느끼고, 책임감은 약해지며, 관대하고 열린 봉사 의식은 시들해집니다. 프란치스코, 「기뻐하고 즐거워하여라」, 30항

현대에 와서 인간은 필요와 타 권력에서 해방되기를 갈망한

다. 이런 해방은 각 사람이 자기 재산과 자기 능력에 대한 내적 자유를 회복하지 않고서는 불가능할 것이다. 그런데 인간을 초월하는 사랑으로 이웃을 사랑하고 이웃에 봉사하려는 마음의 자세를 갖추지 않고서는 이런 자유를 누릴 수 없다.
성 바오로 6세, 「팔십 주년」, 45항

인간은 자신의 심오한 내면에서부터 다른 사람들과 친교를 이루고 다른 사람들에게 자신을 내주는 헌신을 하도록 부르는 천부의 사회적 차원을 지니고 있다. (…) 따라서 인간이 지닌 사회적 본질의 결실이며 표지인 사회는 인간 공동체를 형성함으로써 그 참모습을 드러낸다. 그 결과 개인과 사회 사이에는 상호 의존성과 호혜성互惠性이 생겨난다. 개인을 위하여 성취한 모든 것은 또한 사회에 대한 봉사가 되고, 사회를 위하여 행한 모든 것은 개인의 이익에 도움이 된다. 성 요한 바오로 2세, 「평신도 그리스도인」, 40항

해와 달, 전나무와 작은 꽃 한 송이, 독수리와 참새, 이들의 무수한 다양성과 차별성의 장관은 어떠한 피조물도 스스로는 불충분함을 의미한다. 이들은 다른 피조물에 의존하여 서로 보완하며, 서로에게 봉사하면서 살아간다. 프란치스코, 「찬미받

으소서」, 86항

가정의 모든 성원은 각자의 고유한 특은特恩에 따라, 매일매일 인간들의 일치를 건설할 은혜와 책임을 가지고 있으며, 가정을 "더욱 풍요한 인간성을 길러내는 학교"로 만들 책임도 있습니다. 어린아이들, 병자들, 노인들을 돌보고 사랑하는 곳에서, 매일 서로 봉사하는 곳에서, 가진 것을 나누고 기쁨과 슬픔의 나눔이 있는 곳에서는 그렇게 될 것입니다. 성 요한 바오로 2세, 「가정 공동체」, 21항

자기들의 지식과 능력에 의하여 고통 중에 있는 이웃에게 갖가지 봉사를 제공하고 있는 모든 사람들을 생각할 때, 우리는 그들에게 감사와 치하致賀의 말씀을 드리지 않을 수 없습니다. 성 요한 바오로 2세, 「구원에 이르는 고통」, 29항

세월이 흘러도 살아 있는 젊음의 정신은 있습니다. 삶의 모든 단계에서 인간은 성취해야 할 새로운 일, 존재하고 봉사하며 사랑하는 고유의 방식을 끊임없이 찾고 추구한다는 사실에서 젊음의 정신이 생겨납니다. 성 요한 바오로 2세, 「봉헌생활」, 70항

생명을, 모든 인간의 생명을 존중하고, 보호하고, 사랑하며, 그것을 위해 봉사하십시오! 오직 이 방향에서만 당신은 정의, 개발, 참된 자유, 평화와 행복을 찾을 수 있을 것입니다!
성 요한 바오로 2세, 「생명의 복음」, 5항

우리가 생명에 대해 봉사하는 것은 자랑이 아니라 오히려 의무입니다. 성 요한 바오로 2세, 「생명의 복음」, 79항

사실 기업의 목적은 이윤을 남기는 것만이 아니라, 기업체 자체가 다양한 방법으로 사람들의 기본 욕구를 충족시키려고 노력하며, 전체 사회에 봉사할 특별한 집단을 형성하는 인간들의 공동체로서 존재하는 것이다. 성 요한 바오로 2세, 「백 주년」, 35항

모든 사람들은 이익 추구만을 위해서가 아니라 자기에게 맡겨진 임무를 수행하고 책임을 완수하여 다른 사람들에게 유익한 봉사를 하려는 목적에서 진지한 협력과 화합으로써 공동 노력을 추구하여야 한다. 성 요한 23세, 「어머니요 스승」, 92항

사랑은 그 모든 풍성한 결실을 보여 줄 수 있으며 내어 주는

행복, 곧 보상을 바라지 않고 순수하게 내주고 봉사하는 기쁨을 위하여 우리 자신을 아낌없이 헌신하는 고귀함과 위대함을 경험할 수 있도록 합니다. 프란치스코, 「사랑의 기쁨」, 94항

이러한 올바른 봉사 방식은 또한 겸손에 이르게 합니다. ("봉사는 도와 주는 사람을 겸손하게 만듭니다.") 봉사하는 사람은 그 순간에 이웃이 아무리 비참한 상황에 있다 하더라도 봉사를 받는 그 사람보다 자신이 더 높은 위치에 있다고 여기지 않습니다. (…) 다른 사람들을 돕는 위치에 있는 사람들은 남을 돕는 과정에서 자신들이 도움을 받는다고 깨달을 것입니다. 베네딕토 16세, 「하느님은 사랑이십니다」, 35항

봉사는 다른 이들을 돌보고자 하는 노력 안에서 다양한 형태로 이루어질 수 있습니다. 대부분 봉사는 "힘없는 이들, 우리 가정과 사회와 민족 가운데 힘없는 구성원들에 대한 돌봄"을 의미합니다. 이와 같은 봉사를 통하여 개개인은 "가장 힘없는 이들의 구체적인 눈길 앞에서, 자신의 바람과 열망과 권력 추구를 내려놓는 법을" 배웁니다. "봉사는 언제나 이러한 가장 힘없는 이들의 얼굴을 바라보고 그들과 직접 접촉하며, 그들의 친밀함을 느끼고 때로는 이 친밀함으로 '고통을 겪기

도' 하며, 그들을 도우려고 노력하는 것입니다. 봉사는 결코 이념적인 것이 아닙니다. 우리는 관념에 봉사하는 것이 아니라, 사람에게 봉사하기 때문입니다." 프란치스코, 「모든 형제들」, 115항

✢

이러한 교황님들의 봉사에 관한 말씀과 뜻을 같이하며, 봉사의 삶을 살아간 마더 데레사 수녀님은 1950년에 인도의 콜카타에서 사랑의 선교회를 세우고, 이후 45년간 빈민과 고아, 병자들을 위해서 평생 자신을 헌신하였습니다. 이러한 봉사의 삶을 살아간 마더 데레사 수녀님의 이름을 붙인 '마더 테레사 효과'가 있습니다. 이 효과에 대한 연구는 1998년 미국 하버드 대학 의과 대학에서 시행하였습니다. 이 연구를 통해 밝혀진 사실은 남을 돕는 활동을 하거나, 남을 돕는 영상을 보기만 해도 신체의 면역력이 증가한다는 것입니다. 사람의 침에는 면역 항체 'IgA'가 있는데, 근심이나 긴장 상태에 있을 때에는 침이 마르며, 이 항체가 줄어듭니다. 그런데, 이 연구팀은 봉사 활동을 하거나 데레사 수녀님의 봉사에 관한 영상을 보는 사람들에게서 이 'IgA' 수치가 높게 나타난다는 것을 발견하게 되었습니다. 즉, 봉사 활동을 직접 하거나 혹은 봉사에 대한 간접적인 체험을 하면 인체의 면역 기능이 크게 향상되는 것을

밝혀냈고, 이를 '마더 테레사 효과'라고 부르게 되었습니다. 봉사는 우리를 육체적으로도 건강하게 만들어 줍니다.

우리는 살아오면서 다양한 곳에서 다양한 방법으로 봉사를 해왔고, 봉사를 하고 난 다음에는 분명히 행복과 기쁨이 우리의 마음에 찾아온다는 사실을 체험을 통해 알고 있습니다. 또한 인간은 남을 도와주고 봉사할 때에 자신의 가치를 새롭게 발견하면서, 자신이 누구인지 제대로 바라보고, 발견하는 여정을 걸어가게 됩니다. 봉사는 우리에게 내면의 기쁨과 행복, 나아가 우리의 몸의 면역력까지 선물해 줍니다. 이처럼 봉사를 통해 우리의 몸과 마음을 건강하게 만들며, 우리가 속한 사회와 공동체도 아름답게 만들어 나갔으면 합니다.

4장

사람

최고의 가치는 곧 사람

한국 최초의 추기경이었던 김수환 추기경님(1922-2009)은 종교적 차원뿐 아니라 우리 사회에 큰 영향을 주었던 분이었습니다. 특히 우리나라의 민주화 운동 시절 늘 앞장서던 그분의 모습을 기억하는 분들이 참 많습니다. 그리고 김수환 추기경님이 이렇게 실천할 수 있었던 이유는 그분께서 평소에 자주 하셨던 말씀에서 찾아볼 수 있습니다. "내 생각을 지배하는 가장 큰 주제는 예나 지금이나 '인간'이다." 김수환 추기경의 사상에 늘 '인간'은 가장 중요한 위치를 차지하였고, 가장 큰 관심사였습니다. 인간이 중요시되고, 인간이 인간다운 삶을 살 수 있는 사회를 건설하고, 인간의 존엄성이 지켜지는 사회를 바라셨던 것입니다.

사실 김수환 추기경뿐 아니라 많은 학자들, 사상가들의 주제도 바로 '인간'이었습니다. 그만큼 인간이 중요하고, 인간의 존엄성을 무시하고는 아무도 인간다운 삶을 살 수 없기 때문입니다. 그렇다면 우리 시대 교황님들은 인간, 인간 존엄성에 대해 어떻게 말씀하시는지 들어 봅시다.

✣

가시적인 세상의 차원에서, 인간은 죽는 날을 바라보며 태어납니다. 동시에, 그 실존의 내적 근거가 자신을 초월하게 되는 인간은 또한 그 자신 안에 세상을 초월하는 모든 것을 지니고 있습니다. 성 요한 바오로 2세, 「전 세계 젊은이들에게」, 5항

무엇보다도 먼저 인간이 육체와 영혼으로 이루어진 존재라는 사실에서 기인합니다. 인간은 육체와 영혼이 긴밀히 일치될 때에 진정 그 자신이 됩니다. 이러한 일치가 이루어질 때에 에로스의 도전은 진정으로 극복된다고 할 수 있습니다. 인간이 순전히 영적인 존재가 되기만을 갈망하고 육체를 단지 인간의 동물적 본성에 속하는 것으로 여겨 거부하려 한다면, 영혼과 육체 모두 그 존엄을 잃어 버리게 될 것입니다. 반

대로, 인간이 영혼을 거부하고 물질, 곧 육체를 유일한 실재로 여긴다면, 마찬가지로 인간은 인간의 위대함을 잃어 버리게 될 것입니다. 베네딕토 16세, 「하느님은 사랑이십니다」, 5항

모든 인간이 양도할 수 없는 존엄을 지니고 있다는 사실은 모든 문화적 변화와 무관하게 인간 본성에 속하는 진리입니다. 프란치스코, 「모든 형제들」, 213항

고통 앞에서 무관심한 삶은 우리가 할 수 있는 선택이 아닙니다. 우리는 그 누구도 '삶의 길가'에 머물도록 내버려 둘 수 없습니다. 우리는 인간 고통을 접하고 분노하며 우리의 안락한 고립에서 벗어날 때까지 변화되어야 합니다. 이것이 존엄성의 의미입니다. 프란치스코, 「모든 형제들」, 68항

질병을 물리쳐 없애고 고통을 더는 데 성공한다고 해서 인간의 존엄성과 중심성이 무시되고 짓밟히는 갖가지 상황을 잊어서는 안 됩니다. 아낌없는 봉사가 아닌 이익의 관점에서 의료 사업을 보고, 보건 문제에서 가정을 방치해 두고, 사회에서 가장 힘없는 사람들이 부당한 무시와 차별을 받도록 강요당하는 경우가 매우 많습니다. 성 요한 바오로 2세, 제6차 세계 병자의 날 담화

질서 있고 풍요로운 공동 생활을 위해서는 모든 인간이 인격을 갖고 있다는 원리가 그 바탕이 되어야 한다. 성 요한 23세, 「지상의 평화」, 8항

인간의 가치는 무엇을 가졌느냐에 있지 않고 어떤 인간이냐에 있다. 성 요한 바오로 2세, 「가정 공동체」, 37항

우리는 경제적인 것을 인간적인 것에서 분리시키거나 어떤 발전을 그 배경인 문명에서 분리시키는 것을 찬동할 수 없다. 우리 생각에는 가장 중대한 것이 인간이다. 하나하나의 인간, 그 인간들의 집단, 나아가서는 인류 전체가 중한 것이다. 성 바오로 6세, 「민족들의 발전」, 14항

인간들은 날 때부터 사회적 존재이다. 그러기에 공동으로 살아야 하며, 상호 선익을 도모해야 한다. 인간의 공동 생활은 질서를 유지해야 하기에 그 권리들과 의무들은 서로 존중되고 잘 이행되어야 한다. 그래서 각자는 그런 권리들과 의무들이 더욱 성실하고, 더욱 효과적으로 보존되도록 혼신의 노력으로 기여해야 한다. 성 요한 23세, 「지상의 평화」, 31항

인간 존재는 자기 자신을 아낌없이 내어 주지 않으면 살아가고 발전하며 충만에 이를 수 없도록 만들어졌습니다. 마찬가지로 다른 이들과의 만남이 없다면 자신의 존재를 온전히 인식하지 못합니다. "다른 이들과 소통할 수 없다면 나 자신과도 효과적으로 소통하지 못합니다. 다른 이들과 관계가 없다면, 사랑할 구체적인 얼굴들이 없다면 아무도 삶의 참다운 아름다움을 경험할 수 없습니다. 이것이 참다운 인간 존재의 신비입니다. 프란치스코, 「모든 형제들」, 87항

정의로운 사회 구조가 사랑의 활동을 필요 없게 만들 것이라는 주장의 이면에는 물질주의적인 인간관, 곧 사람이 '빵만으로'(마태 4,4; 신명 8,3 참조) 살 수 있다는 교만한 생각이 숨어 있습니다. 이러한 주장은 인간의 가치를 떨어뜨리고 궁극적으로는 인간의 고유한 모든 속성을 무시하는 것입니다. 베네딕토 16세, 「하느님은 사랑이십니다」, 28항

인간은 육화된 영, 즉 육체를 통해서 자신을 드러내는 영혼이요 불멸의 영을 부여받은 육체이기에 통일된 전체로서 사랑할 소명을 받았다. 사랑은 인간의 육체를 포함하고 육체는 정신적 사랑의 참여자가 되었다. 성 요한 바오로 2세, 「가정공동체」, 11항

인간은 내려오는 사랑, 주는 사랑만으로는 살 수 없습니다. 인간은 언제나 줄 수만은 없으며, 받기도 하여야 합니다. 사랑을 주고 싶어 하는 사람이라면 사랑을 선물로 받기도 하여야 합니다. 베네딕토 16세, 「하느님은 사랑이십니다」, 7항

인간은 이러한 사랑의 시선을 필요로 합니다. 인간은 자기가 사랑을 받고 있다는 사실을 알 필요가 있으며, 영원으로부터 선택되어 영원히 사랑을 받고 있다는 사실을 알아야 합니다. 성 요한 바오로 2세, 「전 세계 젊은이들에게」, 7항

다른 사람의 생각과 견해와 실천이 어떠하든 심지어 죄를 지었어도 그보다는 모든 인간의 존엄이 우선하다는 것을 삶으로 보여 주고 가르쳐 줄 수 있도록 노력합시다. 프란치스코, 「모든 형제들」, 191항

✢

몇 년 전, 제 마음을 뭉클하게 만든 슬로건이 하나 있습니다. "사람이 먼저다." 바로 문재인 대통령의 대선 캠페인 슬로건입니다. 갈수록 개인화되고, 분열되고, 경쟁과 돈이 우선되는 세상에서 이

념, 성공, 권력, 정장, 학력보다 사람이 먼저인 세상을 만들려는 의지와 철학이 담긴 슬로건이었습니다. 이는 우리 시대에 무엇보다 필요한 말이었고, 우리가 존재하는 이유, 살아가는 이유를 모두 담고 있는 것이기도 합니다. 바로 '사람'이 가장 중요하고, '사람'이 살 만한 세상을 만드는 게 중요하기 때문입니다. "사람이 먼저다."

사람은 그 자체로 가장 고귀한 존재이며, 사랑받아야 하는 존재, 사랑해야 하는 존재이고, 그 무엇과도 대체할 수 없는 유일한 존재입니다. 그리고 이러한 '사람'은 다른 이가 아니라 바로 '나 자신'입니다. 그러나 많은 이유로 한 사람인 '나 자신'이 얼마나 소중하고 고귀한지 깨닫지 못하고, 자존감을 잃고 어려움 속에서 살아가는 이들도 많이 있습니다. 그러나 우리 모두 한 가지만을 기억합시다. 늘 사람이 먼저이며, 사람이 가장 소중하고 고귀하며, 이 소중한 존재가 바로 '나' 자신이라는 것입니다.

'사람이 꽃보다 아름답다'는 노랫말이 아름답습니다.

우리 대한민국은 자원도 적고, 국토도 작습니다.

우리에겐 오직 사람만이 최고의 자산입니다.

노무현 대통령의 '사람 사는 세상', 문재인 대통령의 '사람이 먼저다.' 이제 사람답게 사는 세상이, 다시 만들 세상이 아닐까 싶습니다.

5장
사랑

지금 후회 없이 사랑하라

✶

    사랑은 오래전부터 음악, 미술, 철학, 문학 등 거의 모든 분야에서 다루어졌던 가장 중요한 주제 가운데 하나였습니다. 그만큼 사랑은 우리 인간 삶에 있어서 없어서 안 되는 것이고, 사랑은 우리 인간이 살아가는 중요한 동력이며, 사랑이 없이 그 누구도 온전한 삶을 살아갈 수 없을 것입니다.

    그런데 우리는 사랑이라는 단어를 너무 많이 듣고, 너무 많이 사용한 나머지 어느 순간 사랑이란 말의 가치와 중요성, 그 무게를 잃고 그저 허공에 떠도는 빈말로 사용하는 경우가 많아지고 있습니다. 사랑이라고 말하지만, 그 안에 진정한 사랑이 존재하지 않고, 사랑을 받고 있다고 말하지만 그 사랑을 실제로 느끼지 못할 때도 있습니다. 때로는 그 사랑을 가볍게 여겨 실감하지 못할 때도 있습니다.

그러나 사랑이라는 말은 우리 삶을 지탱하고 변화시키고, 성장시킬 수 있는 엄청난 힘을 지니고 있습니다. 시인으로도 유명한 이해인 수녀님께서는 "황홀한 고백"이란 시를 통해 사랑의 큰 힘을 표현하였습니다.

사랑한다는 말은
가시덤불 속에 핀 하얀 찔레꽃의 한숨 같은 것

내가 당신을 사랑한다는 말은
한 자락 바람에도 문득 흔들리는 나뭇가지

당신이 나를 사랑한다는 말은
무수한 별들을 한꺼번에 쏟아내는 거대한 밤하늘이다

어둠 속에서도 훤히 얼굴이 빛나고
절망 속에서도 키가 크는 한 마디의 말

얼마나 놀랍고도 황홀한 고백인가
우리가 서로 사랑한다는 말은

사랑은 사람과 사람 사이를 지탱해 주는 가장 따뜻한 마음입니다. 우리 세상을 따뜻하게 해 주는 말이자, 실천입니다. 세상을 아름답게 만들어 주는 사랑이 그 의미를 잃지 않고, 우리 사이와 세상을 비출 수 있도록 하는, 아름다운 교황님들의 말씀에 귀를 기울여 볼 시간입니다.

☩

먼저 '사랑'이라는 말이 지닌 폭넓은 의미를 상기해 봅시다. 조국에 대한 사랑, 직업에 대한 사랑, 친구 간의 사랑, 일에 대한 사랑, 부모와 자식 간의 사랑, 가족 간의 사랑, 이웃에 대한 사랑, 하느님에 대한 사랑을 들 수 있습니다. 그러나 이러한 다양한 의미 가운데에서 특히 두드러지는 것은 남녀 간의 사랑입니다. 거기에서 나뉠 수 없는 육체와 영혼이 결합되고 마다할 수 없는 행복에 대한 약속을 인간에게 보여 줍니다. 이는 뛰어난 사랑의 원형처럼 보여, 다른 온갖 사랑은 그와 비교할 때 빛을 잃어 버리는 듯합니다. 그래서 이러한 질문을 던져 보아야 합니다. "이 모든 형태의 사랑은 근본적으로 하나여서, 사랑은 참으로 다양하게 드러나지만 결국 사랑은 유일한 실재인가? 아니면 우리는 단지 하나의 낱말을

사용하여 전혀 다른 실재들을 가리키고 있는 것인가?" 베네딕토 16세, 「하느님은 사랑이십니다」, 2항

사랑에 빠지는 것은 가장 순수한 인간 감정 중 하나입니다. 사랑에 빠진 사람은 너그러워지고, 상대방에게 선물을 주고 편지와 시를 쓰는 것을 즐깁니다. 그런 사람은 상대방에게 온전히 집중하고자 자기 자신만 생각하기를 멈춥니다. (…) 진정한 사랑은 상대방을 소유하지 않고 자기 자신을 내어줍니다. 정복하는 것보다는 섬기는 게 낫다는 생각으로 이끕니다. 사랑이 없으면 인생은 슬프기 때문입니다. 외롭고 쓸쓸하기 때문입니다. 프란치스코, 수요 일반 알현, 2024년 1월 17일

인간은 사랑 없이 살 수 없다. 인간에게 사랑이 계시되지 않을 때, 인간이 사랑을 만나지 못할 때, 사랑을 체험하고 자기 것으로 삼지 못할 때, 사랑에 깊이 참여하지 못할 때, 인간은 자기에게도 이해할 수 없는 존재로 남게 되며 그의 생은 무의미하다. 성 요한 바오로 2세, 「인간의 구원자」, 10항

오직 인격체만이 사랑할 수 있고 인격체만이 사랑받을 수 있다. 이 발언은 우선 본질상 존재론적이고 이어서 윤리적 확

인을 요구한다. 사랑은 인격체의 존재론적이고 윤리적인 필수 요건이다. 인격체는 사랑을 받아야 한다. 왜냐하면 사랑만이 인격 그 자체와 관련을 맺을 수 있기 때문이다. 성요한 바오로 2세, 「여성의 존엄」, 29항

다른 사람에게 다가갈수록 자신에 대한 관심은 점점 줄어들고 다른 사람의 행복을 더욱더 추구하게 됩니다. 사랑하는 사람을 점점 더 염려하고 자신을 내어 주며 다른 사람을 위하여 존재하기를 바랍니다. 그리하여 아가페의 요소가 이 사랑 안에 들어가게 되는 것입니다. 그렇지 않으면 에로스는 타락하여 그 고유의 본성조차 잃어 버리게 되기 때문입니다. 다른 한편 인간은 내려오는 사랑, 주는 사랑만으로는 살 수 없습니다. 인간은 언제나 줄 수만은 없으며 받기도 하여야 합니다. 사랑을 주고 싶어 하는 사람이라면 사랑을 선물로 받기도 하여야 합니다. 베네딕토 16세, 「하느님은 사랑이십니다」, 7항

사랑은 인간이 하느님과 그리고 이웃과 맺는 인격적 관계의 참된 본질입니다. 사랑은 친구나 가족, 소집단에서 맺는 미시적 관계뿐만 아니라 사회, 경제, 정치 차원의 거시적 관계의 원칙이 됩니다. 베네딕토 16세, 「진리 안의 사랑」, 2항

인간들은 공통적 인간성에서 나오는 유대 관계를 잘 관리하고, 여기서 더욱 깊은 요청 중의 하나는 민족들과 개인들 사이의 관계들이 공포가 아닌 사랑으로 다스려져야 한다는 점을 희망하는 것이다. 사랑은 많은 선익을 가져오며, 수많은 형태의 성실한 협조로 풍요로운 결실을 맺기 때문이다. 성 요한 23세, 「지상의 평화」, 129항

다른 이들에게 보내는 사랑의 관심은 보답을 바라지 않고 그의 선익을 추구하는 방향으로 이끕니다. 이 모든 것은 존중과 인정에서 시작합니다. 이러한 존중과 인정은 결정적으로 사랑이라는 말 뒤에 있는 것입니다. 사랑받는 존재는 나에게 귀한 사람입니다. 다시 말하면 나는 그 사람이 커다란 가치를 지닌다고 여기는 것입니다. 한 사람을 상대방 마음에 드는 grata 사람이 되게 해 주는 바로 그 사랑 때문에 상대방은 그에게 거저 gratis 베풀게 됩니다. 프란치스코, 「모든 형제들」, 93항

사랑은 주는 것 곧 나의 것을 남에게 내어주는 것이기 때문이다. 그럼에도 사랑에는 결코 정의가 부족하지 않습니다. 정의는 남에게 그의 것 곧 그의 존재와 행위를 근거로 그가 받아 마땅한 것을 그에게 주는 것입니다. (…) 정의는 사랑

과 무관하지 않고 사랑을 대신하거나 사랑과 병행하는 것이 아닐 뿐 아니라 정의는 사랑과 분리될 수 없는 것이며 사랑에 본질적으로 내재하는 것입니다. 베네딕토 16세, 「진리 안의 사랑」, 6항

사랑에 빠지는 이들은 자신들의 관계가 일시적인 것이 될 수 있음을 인정하지 않습니다. 혼인의 기쁨을 강력하게 체험한 이들은 그것이 그저 스쳐 지나가 버리고 말 것이라고 생각하지 않습니다. 사랑이 충만한 혼인성사로 결합된 이들은 그 사랑이 비록 깨어지기 쉬운 것이어도 평생 동안 이어지기를 바랍니다. 자녀들은 부모가 서로 사랑할 뿐 아니라 서로 신의를 지키며 늘 함께하기를 바랍니다. 프란치스코, 「사랑의 기쁨」, 123항

사랑은 더 높은 차원으로 성장하고 내적으로 정화해 가며 이제 결정적인 사랑이 되고자 합니다. 결정적인 사랑이란 두 가지 의미, 곧 (오로지 이 사람 뿐이라는) 배타의 의미와 '영원'이라는 의미를 지닙니다. 사랑은 시간을 비롯한 실존 전체를 끌어안습니다. 그럴 수밖에 없는 것이, 사랑의 약속은 궁극적인 것을 바라보기 때문입니다. 곧 사랑은 영원을 바라봅니다. 사랑은 참으로 '황홀경'입니다. 베네딕토 16세, 「하느님은 사랑이십니다」, 6항

사랑으로 함께 세상을 바꾸고, 사랑으로 함께 우리 자신을 바꿀 수 있습니다. (…) 사랑이 "세상을 바꿀 수 있지만, 그보다 먼저 우리 자신을 바꿉니다." 프란치스코, "요한 17 운동"에게 보내는 스페인어 영상 메시지, 2021년

진실한 발전은 하느님 사랑과 이웃 사랑 위에 기반을 두어야 하며, 개인과 사회 사이의 관계를 촉진시키는 도움이 되어야만 한다. 바로 이것이 바오로 6세가 자주 말하던 '사랑의 문명'이다. 성 요한 바오로 2세, 「사회적 관심」, 33항

사랑은 말이 아니라 행위들이며 봉사입니다. 그것은 예수님이 "오른손이 하는 일을 왼손이 모르게 하여라"(마태 6,3) 하고 말씀하신 것처럼 '겸손하고 소리를 내지 않으며 드러나지 않는 봉사'입니다. 이러한 봉사는 성령께서 우리에게 베푸신 은사들이 사용되도록 처신합니다. 그리하여 공동체가 성장할 수 있도록 말입니다(1코린 12,4-11 참조). 그리고 더 나아가 그 누구도 부족함이 없도록 물질적인 재화들을 나누는 가운데 드러납니다. 부족한 사람에게 나누어 주고 헌신하는 것은 인류가 참으로 걸어야 할 길로서 하느님께서 그리스도교 신자가 아니더라도 많은 사람들에게 권고하는 삶의 방식입

니다. 프란치스코, 삼종기도와 일반 알현, 2016년 3월 12일

"사랑"이란 말이 애매하게 들릴지는 몰라도 그 뜻을 깊이 깨닫기만 한다면 이보다 더 높고 빛나는 말마디는 다시없을 것입니다. 성 바오로 6세, 제4차 세계 평화의 날 담화

사랑은 모든 것의 열쇠입니다. 사랑은 모든 것을 바로잡습니다. 사랑이 이루지 못하거나 새롭게 하지 못하는 것은 아무것도 없습니다. 사랑은 "모든 것을 덮어 주고, 모든 것을 믿으며, 모든 것을 바라고, 모든 것을 견디어 냅니다." 우리 가운데 이를 깨닫지 못하는 이가 있겠습니까? 이를 깨달았으면, 지금이 바로 사랑을 실천할 때가 아니겠습니까? 성 바오로 6세, 「주님의 교회」, 56항

✣

유명한 낭만주의 음악가 프란츠 리스트는 우리에게 화려한 기교를 지닌 피아니스트로 알려져 있는데 훌륭한 작곡가이기도 합니다. 그가 남긴 유명한 피아노 곡 중에 "사랑의 꿈"이 있습니다. 본래 가곡으로 쓰여진 음악을 피아노 연주를 위해 편곡한 것입니다.

원곡은 "테너 또는 소프라노를 위한 3개의 노래" 중 "사랑할 수 있는 한 사랑하라"인데 가사가 다음과 같습니다.

오 사랑하라, 그대가 사랑할 수 있는 한!
오 사랑하라, 그대가 사랑하고 싶은 한!
시간이 오리라, 시간이 오리라,
그대가 무덤가에 서서 슬퍼할 시간이.

그리고 애써라, 그대의 마음이 타오르도록
그리고 사랑을 품도록 그리고 사랑을 간직하도록,
그대의 마음을 향해 또 다른 마음이
사랑으로 따뜻하게 두근거리는 한.

그리고 그대에게 자기 가슴을 열어 놓는 자,
오 그를 위해 그대가 할 수 있는 것을 하라!
그리고 그를 항상 기쁘게 하라,
그리고 그를 한시도 슬프게 하지 마라.

그리고 그대의 혀를 잘 조심하라!
곧 못된 말이 뱉어졌구나.

오 이런, 그것은 나쁜 뜻이 아니었는데;
그 다른 사람은 그러나 떠나가서 슬퍼한다.

대부분의 사람들이 삶의 마지막 순간에 후회하는 것이 바로 더 많이 사랑하지 못한 것이라고 합니다. 어쩌면 프란츠 리스트는 이 사실을 이미 알고 있었는지, 지나고 후회하지 말고, 지금 사랑할 수 있을 때 가능한 많이, 최대한 사랑하라고 노래합니다. 지금 이 순간이 바로 우리가 사랑해야 할 때입니다. 우리가 사랑할 수 있는 한 가장 크고 아름다운 사랑을 실천해야 하는 때는 바로 지금 이 순간 우리의 자리에서입니다.

시간이 흐르고, 강산이 변해도 결코 변하지 않는 사랑은 지금 이 순간 우리가 실천해야 하는 것이고, 동시에 우리 각자가 얼마나 큰 사랑을 받고 있는지 깨닫는 지금 이 순간이 되어야 합니다. 우리가 받은 사랑을 통해 우리는 더 큰 사랑을 실천할 수 있습니다. 우리의 사랑이 모여 이 세상이 더 따뜻해지고, 더 아름답게 변화할 수 있게 되기를 바라며, 지금도 사랑을 실천해 봅니다.

강원도 강릉 바닷가를 걸을 때 문득 이런 생각이 들었습니다.

"바다가 육지를 사랑하기에 매일 쓰는 편지가 파도 아닐까!"

우리가 매일 사랑하기에 쓰는 편지가 "사랑합니다, 감사합니다, 미안합니다"이면 좋겠습니다.

6장

용기

작은 실천이 이루는 진정한 힘

현시대를 살아가는 여러분에게 가장 두려운 일은 무엇인가요? 일자리와 가난에 대한 불안, 치열한 경쟁 속에서 뒤처질지도 모른다는 걱정, 남들이 누리는 것을 누리지 못할지도 모른다는 두려움, 어떤 미래를 꿈꿔야 할지조차 알 수 없는 불확실성, SNS는 발달하지만 오히려 관계는 더 피상적으로 변하는 것만 같은 외로움, 가족과 친구들로부터 버려질지도, 사랑받지 못할지도 모른다는 두려움, 불안한 국내외 정세, 점점 심각해지는 기후 변화, 예측할 수 없는 고통과 질병, 그리고 궁극적으로, 우리 모두가 마주해야 하는 죽음에 대한 두려움까지, 이 모든 두려움은 우리를 짓누르고, 때로는 앞으로 나아갈 용기조차 빼앗아 가려 합니다.

그러나 교황님들은 우리에게 끊임없이 용기를 불어넣어 주십니다. 우리 한 사람, 한 사람이 세상에서 소중한 존재임을 일깨워 주시고, 모두 함께 두려움을 넘어 더 나은 세상을 만들어 가자고 초대하십니다.

우리는 두려움에 사로잡혀 머물러 있는 존재가 아닙니다. 우리 안에는 사랑할 용기, 희망할 용기, 그리고 나아갈 용기가 있습니다. 교황님들의 말씀에 힘입어 다시 용기를 내어 봅시다.

✢

그 무엇도 여러분에게서 희망과 기쁨을 빼앗아 가게 놓아두지 마십시오. 그러한 것들은 여러분을 홀려서 제 잇속을 위한 노예로 삼아 여러분을 이용하려 합니다. 용기를 내어 더 나은 사람이 되십시오. 여러분의 존재는 다른 그 어떤 것보다도 더욱 소중하기 때문입니다. 프란치스코, 「그리스도는 살아 계십니다」, 107항

다를 수 있는 용기, 이 세상이 주지 않는 다른 이상理想을 보여 주는 용기를 지녀야 합니다. 관용, 봉사, 순수, 인내, 용서,

자기 성소에 대한 충실성, 기도, 정의와 공동선 추구, 가난한 이들에 대한 사랑, 사회적 우애의 아름다움을 증언할 용기를 지녀야 합니다. 프란치스코, 「그리스도는 살아 계십니다」, 36항

거짓된 보편주의의 꿈은 세상에게서 다양한 색과 아름다움을 빼앗는 결과로 이어지고, 마침내 인류의 다양성마저 빼앗고 말 것입니다. 미래는 '단색'이 아닙니다. 우리가 용기를 낸다면 각자가 할 수 있는 다양하고 다채로운 기여 안에서 미래를 바라볼 수 있습니다. 프란치스코, 「모든 형제들」, 100항

우리가 이루어야 할 문화적 변화는 새로운 삶의 방식을 채택할 용기를 모든 사람들에게 요구하고 있다고 말할 수 있습니다. 이 새로운 삶의 방식은 개인, 가정, 사회, 국제적 차원에서, 올바른 가치 기준의 토대 위에 실제적인 선택들을 실천에 옮기는 것으로 이루어집니다. 올바른 가치 기준이란 소유에 대한 존재의 우월성, 사물에 대한 인간의 우월성입니다. 이러한 쇄신된 생활 방식에는 타인들에 대한 무관심에서 관심으로, 타인들에 대한 거부에서 수용으로 옮겨가는 일이 포함되어 있습니다. 타인들은 그들로부터 우리를 보호해야 할 경쟁 상대들이 아니라 지원을 제공해야 할 형제자매들입니

다. 그들 자신을 위해서 그들을 사랑해야 하며, 그들의 존재는 우리를 풍요롭게 해 줍니다. 성 요한 바오로 2세, 「생명의 복음」, 98항

[우리가 따라야 할] 이 길은 멀고도 복잡하다. 그리고 무엇보다도 인간의 결의와 성취의 내면적인 나약성으로 말미암아, 그리고 예기 못 할 외적 환경의 가변성으로 말미암아 끊임없이 위협을 당하고 있다. 그럼에도 불구하고 이 길에 들어서기 위해서도 용기가 필요했고 또 일단 몇 걸음을 내딛거나 그 여정의 일부를 걷고 나면 용기가 끝까지 지속된다. 성 요한 바오로 2세, 「사회적 관심」, 38항

안 좋은 일, 잘 풀리지 않는 일이 있을 때 용기를 얻으십시오. 절대 혼자 있지 마십시오. 늘 동행하십시오. 우애가 있어야 합니다. 프란치스코, 『기도. 새 생명의 숨결』, 167쪽

사물을 참으로 존재하는 그대로 보고 고통과 슬픔에 공감하는 사람은, 삶의 깊은 곳까지 다다를 수 있고 진정한 행복을 찾을 수 있습니다. (…) 그러한 사람들은 다른 이들의 고통을 함께 나눌 용기를 낼 수 있고, 고통스러운 상황을 피해 달아나지 않습니다. 그들은 고통을 겪는 이들을 도와주고 그 사

람들의 슬픔을 이해하며 그들에게 위안을 줌으로써, 자기 삶의 의미를 찾습니다. 그들은 타인을 우리의 살에서 나온 살이라고 느끼고 가까이 다가서기를 두려워하지 않으며 그의 상처를 어루만지기까지 합니다. 프란치스코, 「기뻐하고 즐거워하여라」, 76항

"지나치게 단순하게 말하는 것 같지만, 젊은이들에게 미래에 대한 가능성이 부족하기에 가정을 꾸리지 말라고 압박하는 문화에서 우리가 살고 있다고 할 수 있습니다. 게다가 이와 같은 문화는 다른 이들에게도 가정을 꾸리는 것을 단념하도록 하는 많은 제안들을 합니다." 일부 국가들에서 많은 젊은이들은 "종종 경제적 이유로 또는 일이나 학업 때문에 혼인을 미룹니다. 혼인을 미루는 데에는 다음과 같은 또 다른 이유가 있습니다. 곧 혼인과 가정의 가치를 낮게 평가하는 관념의 영향, 다른 부부의 실패를 보며 그 실패를 피하려는 바람, 매우 중요하고 성스러운 것으로 여기는 것에 대한 두려움, 단순히 동거하는 것만으로도 얻어지는 사회적 기회와 경제적 이익, 사랑에 대한 순전히 감정적이고 낭만적인 개념, 자신의 자유와 독립을 포기하여야 하는 것에 대한 두려움, 그저 제도적 관료적으로만 다루어지는 것에 대한 거부감이 있는 것입니다." 우리가 젊은이들의 마음에 가닿을 수 있

게 해 주는 적절한 언어와 동기와 증언들을 찾아야 합니다. 그래서 너그럽고 헌신적이며 사랑하고 심지어 과감하기까지 한 젊은이들의 자질에 호소하며 젊은이들이 열정과 용기를 내어 혼인이라는 도전을 받아들이도록 초대하여야 합니다. 프란치스코, 「사랑의 기쁨」, 40항

약혼자 여러분, 남들과 다를 수 있는 용기를 지니기 바랍니다. 소비주의와 허례허식의 사회에 휩쓸리지 마십시오. 중요한 것은 은총으로 강화되고 거룩하게 되어 여러분을 결합시켜 주는 사랑입니다. 여러분은 사랑을 우위에 두고 검소하고 소박한 예식을 선택할 수 있습니다. 프란치스코, 「사랑의 기쁨」, 212항

우리는 모든 남녀의 생명을 사랑하고 존중하라는 요구를 받고 있습니다. 그리고 불굴의 노력과 용기를 가지고 활동하여, 수많은 죽음의 표징으로 물든 우리 시대가 마침내 진리와 사랑의 문화가 낳아 주는 열매인 새 생명 문화의 건설을 목격하는 시대가 되게 하라는 요구를 받고 있습니다. 성 요한 바오로 2세, 「생명의 복음」, 77항

매일의 영웅적 행위가 있습니다. 이 영웅적 행위는 크고 작

은 나눔의 행위들로 이루어지며, 이러한 행위들이 진정한 생명의 문화를 이룩해 냅니다. 이러한 행위들 중에서 특히 칭찬할 만한 예는 바로 윤리적으로 합당한 방식으로 이루어지는 장기 기증입니다. 이것은 때로는 다른 희망이 전혀 없는 환자에게 건강을 되찾을 수 있는 기회를 주기 위해서, 심지어 삶의 기회를 주기 위해서 행해지는 것입니다. 성 요한 바오로 2세, 「생명의 복음」, 86항

불의한 법들이 통과되는 경우에 흔히 도덕적으로 올바른 사람들은 그 법에 협력하는 것과 관련해서 양심상의 어려운 문제들을 겪게 됩니다. 그들은 도덕적으로 악한 행위에 강제로 참여당하지 않겠다고 주장할 권리를 가지고 있기 때문입니다. 때로는 어려운 선택을 해야 하며, 그러한 선택은 직업상 좋은 위치를 희생하거나 출세에 대한 정당한 희망을 포기하도록 요구할 수도 있습니다. 다른 경우들에 있어서, 포괄적으로 보아서는 불의하지만 그 자체로는 중립적이거나 또는 긍정적이기까지 한 법이 규정하는 어떤 행동들을 하는 것은 위협받는 인간 생명을 보호하는 일이 될 수도 있습니다. 그러나 자진해서 그러한 행동을 하려는 마음은 결국 물의를 일으키고, 생명을 공격하는 행위에 대한 당연한 반대를 약화

시킬 뿐만 아니라, 허용하려는 정신에게 더욱더 많은 것들을 양보해 나가도록 이끌어갈 것입니다. 성 요한 바오로 2세, 「생명의 복음」, 74항

정치가가 이러한 책임과 함께 그에 따르는 비용을 감내하는 일은 오늘날 경제와 정치를 지배하는 효율과 단기적 성과의 논리와 충돌하게 됩니다. 그러나 그럴 용기를 낸다면 정치가들은 하느님께서 그들에게 주신 인간 존엄을 증언하게 될 것입니다. 그리고 그러한 역사 안에서 여정을 마치게 되면 그들의 헌신적 책임도 증언하게 될 것입니다. 프란치스코, 「찬미받으소서」, 181항

끈기 있고 용기 있는 대화는, 반목이나 갈등과 같은 화젯거리를 만들어 내는 것이 아니라, 세상이 우리의 상상보다 훨씬 더 잘 살 수 있도록 신중히 도와줍니다. 프란치스코, 「모든 형제들」, 198항

우리 후손들, 지금 자라나는 어린이들에게 어떤 세상을 물려주고 싶습니까? (…) 우리가 용기를 내어 이러한 질문을 하면, 반드시 또 다른 매우 직접적 질문을 제기하게 될 것입니다. 우리는 어떠한 목적을 가지고 세상을 살아가는가? 우리

가 세상에 온 목적이 무엇인가? 우리는 무엇을 위하여 일하고 노력하고 있는가? 지구는 왜 우리를 필요로 하는가? 그러므로 그저 우리가 미래 세대만을 걱정한다고 말하는 것으로는 충분하지 않습니다. 우리 자신의 존엄이 위기에 빠져 있음을 인식해야 합니다. 미래 세대가 살 만한 지구를 물려주는 것은 그 무엇보다도 우리 손에 달려 있습니다. 이는 우리가 지상에서 살아가는 것의 의미를 묻는 것이기에 우리 자신에게 매우 중요한 일입니다. 프란치스코, 「찬미받으소서」, 160항

온실가스 감축을 위해서 무엇보다도 강대국들과 환경을 가장 많이 오염시키는 나라들의 정직과 용기와 책임이 요구됩니다. 프란치스코, 「찬미받으소서」, 169항

─┼─

제2차 세계대전 당시, 이웃 사랑을 위해 목숨을 바치는 것도 두려워하지 않았던 가톨릭 성인이 있습니다. 바로 폴란드의 수사 신부이자, 아우슈비츠 수용소의 희생자였던 막시밀리아노 마리아 콜베 신부입니다. 1939년, 독일이 폴란드를 침공하자 콜베 신부와 동료 수도자들은 유다인을 비롯한 약 3,000명의 폴란드 난민을 수

도원으로 받아들여 숨겨 주었습니다. 그러나 이로 인해 나치에게 체포된 그는 동료들과 함께 아우슈비츠로 끌려가게 됩니다. 당시 아우슈비츠는 독일 나치에 의해 110만 명 이상이 학살된 죽음의 수용소였으며, 희생자의 90%가 유다인이었습니다. 1941년 어느 날, 한 수감자가 탈출하는 사건이 발생하자, 나치는 보복으로 수감자 열 명을 골라 아사형에 처하기로 합니다. 그중 한 명으로 선택된 프란치세크 가조우니체는 가족을 떠올리며 절망 속에 울부짖었습니다. 그때, 콜베 신부가 지휘관 앞으로 조용히 나아가 이렇게 말했습니다.

저는 폴란드에서 온 가톨릭 사제입니다. 제가 저 사람을 대신해 죽겠습니다. 그는 아내와 자녀들이 있습니다.

놀랍게도 그의 요청은 받아들여졌고, 콜베 신부는 가조우니체를 대신해 죽음의 처벌을 받게 됩니다. 그는 15일 넘게 굶주림과 고문을 견뎌내며 동료들에게 기도와 위로를 건넸고, 결국 1941년 8월 14일, 페놀 주사를 맞고 선종했습니다. 향년 47세, 죽음 앞에서도 사랑과 용기의 빛을 잃지 않았던 그는 사랑의 순교자로 기억되며, 이후 1982년 성인으로 시성되었습니다.

두려움을 이겨내고 용기를 내는 것은, 더 좋은 삶을 살아가기 위한, 더 좋은 세상을 만들어가기 위한 첫걸음입니다. 막시밀리아노 콜베 신부는 두려움 앞에서도 사랑을 선택했습니다. 그는 자신의 목숨을 내어줌으로써 가장 위대한 사랑을 드러냈고, 한 인간의 존엄과 가치를 지키는 것이 얼마나 아름다운지를 몸소 보여 주었습니다.

두려움은 우리를 가로막고, 행동하지 못하게 합니다. 하지만 우리가 용기를 가지고 한 걸음 내딛을 때, 나의 세상, 나아가 우리의 세상은 변화하기 시작합니다. 용기란 거창한 것이 아닙니다. 나와 타인의 존재의 다름과 소중함을 받아들이는 것, 도움이 필요한 이들에게 손을 내미는 것, 편견과 차별을 넘어서 함께 살아가려는 것, 올바른 가치를 위해 목소리를 내고 행동하는 것들입니다. 이 작은 실천들이 모일 때, 그것이 진정한 용기가 됩니다. 이 용기로써 우리는 함께 더 아름다운 삶을 만들어 갈 수 있습니다.

20세기 초반 미국 경제 1대 공황을 이겨낸 루스벨트 대통령은 "우리가 두려워해야 할 것은 두려움 그 자체"라고 이야기하며, 미국인과 함께 공황을 극복해 냈습니다. 노무현 대통령은 "사랑하기 때문에 분노하는 것"이라며 용기 있는 실천을 강조하셨습니다.

7장

용서

세상을 변화시키는 위대함

인생의 많은 순간 도저히 용서 못 할 순간들이 찾아옵니다. 입에 담기 어려울 정도의 큰 고통과 아픔을 주는 일들도 세상에는 많이 일어납니다. 그럼에도 불구하고 이루어지는 용서는 우리의 마음을 울리고, 죄를 지은 사람을 변화시키며, 세상을 조금 더 아름답게 변화시킬 수 있는 힘입니다. 이 사실을 100여 년 전의 마리아 고레티 성녀의 모습을 통해 알 수 있습니다.

1890년 이탈리아 가난한 농부의 가정에서 고레티 성녀가 태어났습니다. 그녀의 가족들은 무척 가난했고, 아버지도 일찍 돌아가셨기에 조그마한 집에서 다른 가정인 세레넬리의 가족들과 함께 한 지붕 아래에서 생활하였습니다. 세레넬리 가족 중에는 아들 알렉산드로가 있었습니다. 그는 같이 살고 있는 고레티에게 계속해서 추근거렸지만, 고레티는 두 가정의 사이가 나빠질 것을 염려하여 말을 하지 않았습니다. 알렉산드로가 만 19세였고, 고레티가 만 11세였던 1902년 7월 5일, 알렉산드로는 음탕한 마음을 품고 고레티에게 달려들었습니다. 그가 고레티에게 자신의 말을 듣지 않으면 죽이겠다는 협박을 했음에도 불구하고 그녀는 그를 계속해서 뿌리쳤습니다. 화가 난 알렉산드로는 고레티에게 14번의 칼질을 한 후 도망을 칩니다. 가족들이 일을 마치고 돌아왔을 때에는 이미 그녀는 피를 많이 흘리고 쓰러져 있었고, 병원에 옮겨져 수술을 받게 되지만, 다음 날 숨을 거두게 됩니다. 하늘로 돌아가기 전 죽음을 눈앞에 둔 상황에서 고레티는 병원에 찾아온 신부님을 만나서 이런 말을 남기고 세상을 떠났습니다. "그 사람을 용서하고, 그 사람도 죽은 후에 하늘나라에서 제 옆에 올 수 있게끔 기도하겠어요."

알렉산드로는 곧 체포되었고, 30년 독방형을 선고받았는데, 처음에 그는 회개하지 않았습니다. 그러나 사건이 있은 지 8년 후, 1910년 어느 날 그는 꿈속에서 고레티가 나타나 자신에게 빛나는 백합화를 꺾어 전해 주는 꿈을 꾸게 됩니다. 이 꿈으로 인해 그는 마리아가 자기를 용서했다는 확신을 얻게 되었고, 모범수로 변하여 성실하게 자신의 죗값을 치르고, 석방이 된 이후에는 수도원에 들어가 그곳에서 접대원과 정원사로 일하며 평생을 보속의 삶을 살면서 지냈습니다. 그리고 1970년 그가 하늘로 돌아가기 전에 이런 말을 남깁니다. "내가 죽으면 고레티는 천국에서 나를 환영해 줄 것이라 믿습니다."

이처럼 용서는 사람과 세상을 바꾸는 힘이 있습니다. 세상에 만연하는 범죄, 갈등, 미움, 분노, 적대심을 이길 수 있는 강력한 힘을 지닌 용서에 대한 교황님들의 말씀에 귀를 기울여 보겠습니다.

─✢─

용서는 세상에 죄보다 강한 사랑이 현존한다는 증명입니다. 용서는 하느님과 인간의 관계에서만 아니라 인간들의 관계에서도 화해의 기본 요건이기도 합니다. 용서가 배제된 세계는 냉혹한 정의의 세계일 것이며, 거기에서는 인간 개개인이 정의의 이름으로 타인들에 대해서 자신의 권리를 주장할 것입니다. 인간 마음속에 도사리고 있는 갖가지 이기심이 인생과 인간 사회를 강자가 약자를 지배하는 체제로 변모시킬 것이고, 한 집단과 다른 집단 사이에 영구적인 투쟁이 벌어지는 격투장으로 변질시킬 것입니다. 성 요한 바오로 2세, 「자비로우신 하느님」, 14항

만일 과거에 모든 노력을 하도록 격려한 그 윤리적 투쟁과 진리를 증거할 의식적 노력이 결여된다면, 독재가 몰락해도 그 증오와 원한은 다시 살아나고, 심각한 투쟁과 고통을 불러일으킬 위험이 있다. 따라서 증오와 폭력은 사람들의 마음속에서, 특별히 정의를 위하여 투쟁하는 이들의 마음속에서 승리하지 못하고, 평화와 용서의 정신이 모든 이들에게서 성장하기를 바라고 싶다. 성 요한 바오로 2세, 「백 주년」, 27항

사랑은 언제든지 일어나 용서할 준비가 되어 있고 (…) 성 요한 바오로 2세, 「인간의 구원자」, 9항

그분께서는 아무런 조건 없이 우리를 용서하시고 자유롭게 해 주십니다. 프란치스코, 「그리스도는 살아 계십니다」, 121항

친애하는 형제 여러분, 저의 무거운 직무를 저와 함께 져 주신 여러분의 모든 사랑과 노고에 진심으로 감사드리며, 제 모든 허물에 대하여 용서를 청합니다. 베네딕토 16세 성하의 사임 선언

몇 번이나 용서하고 새로 시작해야 합니까? 일흔 번을 일곱 번까지라도, 필요하다면 매번, 용서하고 새로 시작해야 합니

다. 깊은 관계를 맺으려면, 날마다 인내와 용서로 다져진 신뢰가 필요합니다. 그렇게 할 때에 기적이 이루어집니다. 여기에서 우리는 우리 자신이 다시 태어남을 느낄 수 있는 것입니다. 프란치스코, 「그리스도는 살아 계십니다」, 217항

동반자의 가장 중요한 자질은 자신의 인간적 본성을 인정하는 것입니다. 다시 말해서, 그 자신도 인간이기에 실수할 수 있다는 사실, 자신이 완벽한 사람이 아니라 용서받은 죄인이라는 사실을 인정하는 것입니다. 프란치스코, 「그리스도는 살아 계십니다」, 246항

용서한다는 것은, 누군가 자기 자신과 다른 사람의 존엄을 계속 짓밟는 것을 용납한다거나 범죄자가 계속 범죄를 일으키는 것을 내버려 둔다는 의미가 아닙니다. 프란치스코, 「모든 형제들」, 241항

잔인한 방법으로 많은 고통을 겪은 사람들에게 일종의 '사회적 용서'를 요구해서는 안 됩니다. 화해는 개인적인 문제입니다. 그리고 화해를 증진할 임무가 사회에 있다 하여도, 아무도 사회 전체에 화해를 강요할 수는 없습니다. 자신이 입

은 피해를 넘어설 줄 아는 일부 사람들이 지닌 용서의 능력을 보면 감동적입니다. 그러나 그렇게 할 수 없는 사람들을 이해하는 것도 인간적입니다. 어떤 경우든 절대로 해서는 안 되는 말이 잊어 버리라는 말입니다. 프란치스코, 「모든 형제들」, 246항

용서는 망각을 의미하는 것이 아닙니다. 절대로 부인될 수 없고 상대화시켜 버리거나 은폐해 버릴 수도 없는 어떤 일에 맞닥뜨릴 때조차 용서할 수 있다고 말합니다. 결코 용인하거나 정당화하거나 용서해서는 안 될 어떤 일도 용서할 수 있습니다. 어떤 이유로도 잊을 수 없는 일조차 용서할 수 있습니다. 프란치스코, 「모든 형제들」, 250항

용서는 바로 복수의 악순환이나 망각의 불의에 빠지지 않고 정의를 추구할 수 있게 해 주는 것입니다. 프란치스코, 「모든 형제들」, 252항

관용이 없는 평화를 어찌 평화라 할 수 있으며, 복수심에 불타는 평화가 어찌 참 평화일 수 있겠습니까? 쌍방이 다 보다 높은 정의에 호소해야 합니다. 이 고차적 정의가 바로 우월감의 난문제를 해결하고 다시 우정을 회복시킬 수 있는 용서

입니다. 성 바오로 6세, 제3차 세계 평화의 날 담화

거듭 용서하는 것은 얼마나 어려워 보입니까? 그럼에도 용서는 우리의 나약한 손에 쥐어진 도구이며 이로써 우리는 마음의 평온을 얻을 것입니다. 반드시 증오와 분노를 버리고, 폭력과 복수를 포기해야만 행복하게 살 수 있습니다. 프란치스코, 「자비의 얼굴」, 9항

다른 한편, 슬프게도 우리의 문화에서 용서에 대한 경험이 점점 드물어진다는 사실을 인정하여야 합니다. 때로는 용서라는 말조차도 사라져 가는 것 같습니다. 그러나 용서에 대한 보증이 없다면 우리는 마치 황량한 사막에서 살아가는 것처럼 아무런 생명력도 없는 불모의 삶에 그치고 말 것입니다. (…) 용서는 우리를 새로운 삶으로 다시 일으켜 세우고 희망을 갖고 미래를 바라보게 해 줍니다. 프란치스코, 「자비의 얼굴」, 10항

죄를 지은 사람은 반드시 벌을 받아야 합니다. 그러나 이는 끝이 아니라 회개의 시작일 뿐입니다. 용서의 온유함을 느끼고 회개를 시작하는 것입니다. 프란치스코, 「자비의 얼굴」, 21항

오늘날 우리 사회에서는 점점 양극화와 적대감이 증가하고 있고, 세계 곳곳에서 계속해서 전쟁이 이어지며, 입에 담을 수도 없는 범죄들이 일어나고 있습니다. 이러한 시대에 교황님들의 말씀은 용서가 지닌 의미를 새롭게 발견하게 해 줍니다.

용서는 단순히 범죄에 대한 관용을 의미하지 않고, 단순한 망각이 아닙니다. 또한 지나간 고통을 제거하거나 가해자를 너그러이 받아주는 것을 의미하는 것이 아닙니다. 그럼에도 용서의 위대함은 계속되어야 합니다.

사실 용서는 쉽지 않습니다. 용서가 쉽지 않다면, 우선 거창한 이유와 목적에서 용서를 시작하는 것이 아니라, 천천히 한 걸음 한 걸음 걸어가야 합니다.

많은 뇌 과학 연구들은 남을 용서하면 우울감과 불안감이 완화되며, 행복감이 향상되며, 인지기능과 면역력이 강화된다는 긍정적 효과를 보고합니다. 이렇게 자신의 건강과 행복을 위해서 용서를 향하여 발걸음을 시작해야 합니다.

용서를 향하여 한 걸음 한 걸음 걸어가다 보면 나도 모르게 복수라는 어두움과, 원망이나 분노라는 감정의 소용돌이 속에서 점차 벗어나 새로운 삶을 살고 있는 자신을 발견하게 되고, 세상도 조금

씩 밝아질 것입니다. 자신의 미래와 앞으로의 세상을 위해 용기 있게 용서를 향한 소중한 발걸음을 내딛기를 바랍니다.

8장
정의

사랑과 함께할 때 더 빛난다

　우리 역사 안에서 찾은 사례들을 보면, 정의를 실현하고 수호해 나가는 데는 정말 오랜 세월이 걸리고 인내가 필요하다는 사실을 알 수 있습니다. 또한 인내와 더불어 정의의 수호와 실천에 또 다른 중요한 요소는 바로 '함께' 정의를 만들어 나가야 한다는 것입니다. 민주화 시대에 우리나라의 정의를 위해서 힘쓴 김수환 추기경님의 모습은 함께 인내하면서 정의를 이루어 나가는 아름다운 모습을 보여 줍니다.

　1987년에 이루어진 6.10 민주 항쟁 당시 명동성당에서 농성하던 학생들을 체포하기 위해 정부 관계자가 김수환 추기경님을 찾아옵니다. 관계자는 경찰들을 투입하여 성당 안에 있는 학생들을 사랑은 사람과 사람 사이를 지탱해 주는 가장 따뜻한 마음입니다. 우리 세상을 따뜻하게 해 주는 말이자, 실천입니다. 세상을 아름답게 만들어 주는 사랑이 그 의미를 잃지 않고, 우리 사이와 세상을 비출 수 있도록 하는, 아름다운 교황님들의 말씀에 귀를 기울여 볼 시간입니다.

✢

먼저 '사랑'이라는 말이 지닌 폭넓은 의미를 상기해 봅시다. 조국에 대한 사랑, 직업에 대한 사랑, 친구 간의 사랑, 일에 대한 사랑, 부모와 자식 간의 사랑, 가족 간의 사랑, 이웃에 대한 사랑, 하느님에 대한 사랑을 들 수 있습니다. 그러나 이러한 다양한 의미 가운데에서 특히 두드러지는 것은 남녀 간의 사랑입니다. 거기에서 나뉠 수 없는 육체와 영혼이 결합되고 마다할 수 없는 행복에 대한 약속을 인간에게 보여 줍니다. 이는 뛰어난 사랑의 원형처럼 보여, 다른 온갖 사랑은 그와 비교할 때 빛을 잃어 버리는 듯합니다. 그래서 이러한 질문을 던져 보아야 합니다. "이 모든 형태의 사랑은 근본적으로 하나여서, 사랑은 참으로 다양하게 드러나지만 결국 사랑은 유일한 실재인가? 아니면 우리는 단지 하나의 낱말을

사용하여 전혀 다른 실재들을 가리키고 있는 것인가?" 베네딕
토 16세, 「하느님은 사랑이십니다」, 2항

사랑에 빠지는 것은 가장 순수한 인간 감정 중 하나입니다. 사랑에 빠진 사람은 너그러워지고, 상대방에게 선물을 주고 편지와 시를 쓰는 것을 즐깁니다. 그런 사람은 상대방에게 온전히 집중하고자 자기 자신만 생각하기를 멈춥니다. (…) 진정한 사랑은 상대방을 소유하지 않고 자기 자신을 내어줍니다. 정복하는 것보다는 섬기는 게 낫다는 생각으로 이끕니다. 사랑이 없으면 인생은 슬프기 때문입니다. 외롭고 쓸쓸하기 때문입니다. 프란치스코, 수요 일반 알현, 2024년 1월 17일

인간은 사랑 없이 살 수 없다. 인간에게 사랑이 계시되지 않을 때, 인간이 사랑을 만나지 못할 때, 사랑을 체험하고 자기 것으로 삼지 못할 때, 사랑에 깊이 참여하지 못할 때, 인간은 자기에게도 이해할 수 없는 존재로 남게 되며 그의 생은 무의미하다. 성 요한 바오로 2세, 「인간의 구원자」, 10항

오직 인격체만이 사랑할 수 있고 인격체만이 사랑받을 수 있다. 이 발언은 우선 본질상 존재론적이고 이어서 윤리적 확

국가와 사회의 정의로운 질서는 정치의 핵심 임무입니다. 아우구스티노가 말하였듯이, 정의에 따라 다스리지 않는 국가는 도적 무리에 불과합니다. "통치가 정의에서 멀어지면 커다란 도둑질이 아닙니까?" 베네딕토 16세, 「하느님은 사랑이십니다」, 28항

인간의 기본 욕구가 충족되지 않은 채 남아 있지 않고 그 결핍으로 고통당하는 사람들이 멸하지 않도록 하는 것은, 사랑과 정의의 엄격한 의무이다. 성 요한 바오로 2세, 「백 주년」, 34항

따라서 증오와 폭력은 사람들의 마음속에서, 특별히 정의를 위하여 투쟁하는 이들의 마음속에서 승리하지 못하고, 평화와 용서의 정신이 모든 이들에게서 성장하기를 바라고 싶다. 성 요한 바오로 2세, 「백 주년」, 27항

이미 여러 번 강조한 바와 같이 정의 구현의 가장 중대한 의무는 각 민족이 온갖 경제적 내지 정치적 지배욕에서 해방되어 진정 서로 협력함으로써 스스로의 발전을 도모할 수 있게 하는 데에 있다. 성 바오로 6세, 「팔십 주년」, 43항

사방에서 한층 나은 정의를 희구하고 있으며 인간과 인간,

백성과 백성 사이의 상호 존경에 바탕을 둔 더욱 튼튼한 평화를 갈망하고 있다. 성 바오로 6세, 「팔십 주년」, 2항

세상의 정의는 가끔 사소한 이해관계로 훼손되거나 다양한 방식으로 조작되고는 합니다. 우리는 세상 정의가 얼마나 쉽게 부패의 수렁에 빠지는지, '오는 것이 있어야 가는 것이 있다'는 일상의 정치에 얼마나 쉽게 얽혀 드는지 체험하고 있습니다. 그 안에서는 모든 것이 거래가 됩니다. 참된 정의는 사람들이 각자 내리는 결정에서 의로울 때에 그들 삶 안에서 이루어지고, 가난한 이들과 약한 이들을 위한 공정을 추구하는 가운데 드러납니다. 프란치스코, 「기뻐하고 즐거워하여라」, 78-79항

모든 사람이 각자 자신의 정당한 몫을 받는 정의로운 사회 질서와 국가 질서의 건설은 모든 세대가 새롭게 받아들여야 할 가장 중대한 임무입니다. 베네딕토 16세, 「하느님은 사랑이십니다」, 28항

인간의 가치는 무엇을 가졌느냐에 있지 않고 어떤 인간이냐에 있다. 마찬가지로, 더 나은 정의와 더 넓은 형제애와 더욱 인간다운 사회 관계의 질서를 확립하려는 인간의 노력이 기술의 발전보다 훨씬 값진 것이다. 이런 기술의 발전이 인간

향상에 물질적 바탕은 마련할 수 있지만 그 힘만으로 인간 향상을 실현시킬 수는 없기 때문이다. 성 요한 바오로 2세, 「노동하는 인간」, 26항

정의와 자비는 두 가지 대립하는 실재가 아니라 오히려 한 실재의 두 가지 차원으로 충만한 사랑에 이를 때까지 계속해서 발전하는 것입니다. 사람들이 일반적으로 법에 따라 법질서를 준수하는 시민 사회에서 정의는 근본 개념입니다. 또한 정의는 한 사람 한 사람에게 마땅히 주어야 할 것을 준다는 것입니다. 프란치스코, 「자비의 얼굴」, 20항

사랑은 언제나 필요하며, 가장 정의로운 사회에서도 필요한 것입니다. 사랑의 봉사가 필요 없을 만큼 정의로운 국가 질서는 없습니다. 사랑을 제거하고자 하는 사람은 누구나 인간도 그렇게 제거할 수 있습니다. 베네딕토 16세, 「하느님은 사랑이십니다」, 28항

✜

교황님들의 말씀들을 통해 이 세상에 단순히 정의만이 필요한 것이 아니라, 그 정의를 부르짖는 마음의 근원에는 사랑이 있어야

한다는 사실을 깨닫습니다. 사랑이 담긴 정의의 모습은 11세기에 고다이바Godiva라는 여인에게서 발견할 수 있습니다. 당시 영국의 코번트리에는 고다이바라는 귀족 부인이 있었고, 그녀의 남편은 레오프릭Leofric이라는 코번트리 지방의 백작이었습니다. 백작은 코번트리 지방을 다스리면서 자신의 권력을 남용하고, 과도한 세금을 부과하는 못된 귀족이었습니다. 따라서 레오프릭의 영지에 사는 백성들은 백작의 폭정과 과중한 세금으로 매우 어렵게 살아가야만 했습니다. 그러나 이러한 백작의 불의 앞에서 가엾은 백성들을 사랑하였기에 참지 않는 사람이 있었습니다. 바로 백작의 부인인 고다이바였습니다. 고다이바는 남편인 레오프릭 백작에게 백성들을 괴롭히지 말고, 무거운 세금을 경감하라고 계속해서 부탁했습니다. 고다이바의 끈질긴 간청에 화가 난 레오프릭 백작은 그녀에게 이렇게 말했습니다. "당신이 정말 농민들을 걱정하고 사랑한다면, 사람들이 많은 시장 거리를 알몸으로 말을 타고 지나가시오. 그러면 당신의 청을 들어주겠소."라고 조롱하였습니다. 11세기의 상황에서 영주의 부인이 알몸으로 거리를 다닌다는 것은 누구도 상상할 수조차 없는 일이었습니다. 고다이바가 정의와 백성을 위해 나섰지만, 레오프릭은 이런 조건이라면 다시는 세금 이야기를 안 할 줄 알았던 것이었습니다. 그러나 고다이바는 알몸으로 말을 타고 거리로 나섰고, 백성들은 고다이바를 위해 그 시간에 누구도 외출을 하지 않고, 창문도 열지 않고, 커튼으로 창문을 가렸다고 합니다. 사랑이 담긴 정의를 부르짖는 그녀의 모습은 오늘날까지도 전해지고 있습니다. 고다이바가 보여준 이 아름다운 정신을 본받고자 세계적인 초콜릿 업체인 고디바 초콜릿 Godiva Chocolatier은 그녀의 이름을 붙인 제품을 만들고 있습니다.

  이처럼 정의는 사랑과 함께할 때에 더 빛을 발한다는 사실을 알 수 있습니다. 단순히 자기 이익이 아니라, 불행과 어려움을 겪고 있는 이들도 행복하기를 바라는 사랑의 마음이 정의로운 마음과 결합될 때에 이 세상은 조금 더 아름다워지고 발전하게 될 것입니다.

9장

정치

국민은 강하고 위대하다

요즘 한국 사회는 혼란 그 자체입니다. 지난 12월 3일 그 누구도 생각하지 못했던 일이 발생하면서 특히 한국의 정치는 혼돈의 시기를 지나 왔습니다. 그리고 모든 국민이 더 나은 정치를 하고, 진정으로 국민을 생각하는 정치인들이 되기를 바라고 있습니다. 만약 이 혼란 속에 다시 한번 정치의 참된 의미와 역할에 대해 성찰하고 변화하려 한다면 대한민국을 위한 좋은 기회가 될 수 있지만, 그저 잘잘못만을 따지고, 대화와 타협 없는 정당 간의 갈등만 지속된다면 오로지 위기와 다툼의 연속이 될 것입니다. 혼돈을 딛고, 새로운 대한민국으로 나아가야 합니다.

51:49의 피 흘리는 대한민국이 아니라, 서로를 믿고 의지하는

나라. 분열을 넘어, 미래로 나아가는 위대한 대한민국으로 다시 태어나야 합니다.

✢

사람들이 정치에 참여하는 양상들은 그들이 소속해 있는 정치 공동체의 성숙도와 필연적으로 연결되어 있지만, 정치 참여 자체는 인간의 존엄성이 요구하는 사항이다. 성 요한23세, 「지상의 평화」, 73항

모든 나라의 국민은 지배 권력에 휘둘리는 군중으로서가 아니라 사명감과 책임감을 지닌 국민으로서 활동하여 그들 삶의 사회적 차원을 드높입니다. "책임감 있는 시민 의식은 하나의 덕이고, 정치 생활에 대한 참여는 도덕적 의무입니다."
프란치스코, 「복음의 기쁨」, 220항

모든 정치인은 이 지칠 줄 모르는 활동을 수행하지만, 그 또한 언제나 인간입니다. 그는 날마다 사람들과의 관계에서 사랑을 실천하도록 부름받았습니다. 그는 한 인격체이고 "현대 세계가 그 기술 진보로 점점 더 인간의 욕망 충족을 합리화하

고 인간의 욕망을 다양한 서비스들로 분류하고 또 세분화하는 경향이 있음을" 인식해야 합니다. 프란치스코, 「모든 형제들」, 193항

오늘날 많은 사람들은 일부 정치인들의 실수, 부패, 무능 때문에 흔히 정치를 불쾌한 표현으로 여깁니다. 또한 정치를 불신하게 만들고 경제로 대처하려 하거나, 하나의 이념이나 다른 이념으로 왜곡하려는 시도들이 있습니다. 그러나 정치 없이 우리 세상이 돌아갈 수 있습니까? 올바른 정치 없이 보편적 형제애와 사회 평화를 향한 효과적인 발전 과정이 이루어질 수 있습니까? 프란치스코, 「모든 형제들」, 176항

"정치의 위대함은 어려운 시기에 중요한 기본 원칙에 따라 국정을 운영하며 장기적 공동선을 배려하는 것에서 드러납니다. 국가적인 계획에서" 그리고 현재와 미래의 인류 가족을 위한 공동 계획에서도 "정치 권력이 이러한 의무를 다하는 것은 무척 어려운 일입니다." 우리 다음에 올 사람들을 생각하는 것은 선거를 위한 것이 아니라, 참된 정의가 요구하는 것입니다. 프란치스코, 「모든 형제들」, 178항

우리는 폭넓은 시각으로 위기의 다양한 측면들에 대하여 학

제적인 대화를 포함한 새로운 통합적 접근을 하는 정치가 필요합니다. 흔히 정치는 올바른 공공 정책의 부재와 부패에 따른 불신에 스스로 책임을 지게 됩니다. (…) 정치가 왜곡된 논리를 깨어 버릴 수 없고, 구차한 변명으로 일관한다면, 우리는 계속해서 인류의 주요한 문제들을 해결하지 못하게 될 것입니다. 참다운 변화를 위한 전략에는 전체 과정에 대한 재검토가 필요합니다. (…) 건전한 정치는 이러한 문제에 맞설 수 있어야 합니다. 프란치스코, 「찬미받으소서」, 197항

즉각적인 결과에 초점을 맞추는 정치적 계획은 소비를 추구하는 사람들의 지지를 바탕으로 단기적 성장만을 추구할 수밖에 없습니다. (…) 정치적 위대함은 어려운 시기에 중요한 기본 원칙에 따라 국정을 운영하며 장기적 공동선을 배려하는 것에서 드러납니다. 프란치스코, 「찬미받으소서」, 178항

정치 권력은 사회 공동체의 단합을 보장하기 위한 자연적이며 필연적인 요소인 한, 그 목적은 공동선의 실현이어야 한다. 정치 권력은 개인, 가정, 보조 단체 등의 정당한 자유를 존중하며, 인간의 진정하고 완전한 선, 즉 초자연적 목적까지를 포함한 충족선을 얻기에 필요한 생활 조건을 효과적으

로 모든 사람에게 마련해 주어야 한다. 정치 권력의 활동 분야는 제한되어 있으며 그 제한은 각 국가와 민족에 따라 다를 것이다. 즉, 언제나 정의를 보장하고 공동선을 추구하는 데에 간섭하고 그 최종 책임을 져야 한다. 그러나 공동선 실현에 함께 이바지하는 개인과 중간 단체의 활동 분야와 책임을 빼앗지 않는다. 과연 "모든 사회 활동은 그 본성상 사회 구성체의 구성원에게 도움을 주어야지 그들을 파괴하거나 흡수하여서는 안 된다." 정치 권력은 그 과업 수행에 있어서 특수층의 이익 추구에서 손을 떼야 하고 그 대신 국경을 넘어서까지 모든 사람의 이익을 추구해야 한다. 정치를 지역적, 국가적, 국제적 분야에서 엄격히 규정지어야 한다는 말은 바로 인간의 책임을 강조하는 것과 같으니, 자기 도시와 국가와 전 인류의 이익을 도모하기 위하여 각 사람에게 부여된 자유 선택의 가치가 구체적으로 얼마나 중대한가를 강조하는 것과 일반이다. 정치 기술은 그리스도인이 다른 사람에게 봉사해야 한다는 의무를 실천하는 한 가지 필연적 방법이지만 유일한 방법은 물론 아니다. 정치 기술이 모든 문제를 다 해결하지는 못하겠지만 그래도 인간 관계의 문제를 해결하도록 노력한다. 성 바오로 6세, 「팔십 주년」, 46항

정치인들은 "개인과 민족들에게 어떤 도움이 필요한지 보살피도록" 부름받고 있습니다. "도움이 필요한 이들을 보살피려면 강인함과 온유함을 지녀야 합니다, 가차 없이 '버리는 문화'로 이끄는 기능주의와 개인주의의 풍조 한가운데에서 분투하며 풍성한 결실을 이루어야 합니다. (…) 정치인은 실현하는 사람입니다. 정치인은 원대한 목표를 품고, 자국의 국경 너머도 볼 줄 아는 현실적이고 실용적인 폭넓은 시각을 지닌 건축가입니다. 정치인의 가장 큰 관심사는 여론 조사에서의 지지도 하락이 아니라 "사회적 경제적 배척 현상"에 대한 효과적인 해결책을 찾는 것이어야 합니다. 프란치스코, 「모든 형제들」, 188항

우리는 폭넓은 시각으로 위기의 다양한 측면들에 대하여 학제적인 대화를 포함한 새로운 통합적 접근을 하는 정치가 필요합니다. 다른 말로 "건전한 정치는 제도 개혁과 조정이 이루어지고 좋은 관행을 촉진하며 부당한 압력과 관료적 타성을 극복할 수 있어야 합니다." 우리는 경제가 이러한 일을 할 수 있다고 기대할 수 없으며, 경제가 국가의 실질적 권력을 장악하도록 허용할 수도 없습니다. 프란치스코, 「모든 형제들」, 177항

좋은 정치는 세계화를 점검하고 재정비하여 세계화의 파괴적 결과를 피하고자 사회생활의 모든 차원에서 공동체를 형성하는 방법을 모색할 것입니다. 프란치스코, 「모든 형제들」, 182항

좋은 정치는, 모든 것에도 불구하고 사람들의 마음속에 있는 선의 보고寶庫에 대한 확신과 희망을 사랑에 결합시켜 줍니다. "참된 정치 생활은 개인들의 진솔한 대화와 법을 바탕으로 합니다. 또한 모든 사람과 모든 세대가 지니는 잠재력, 곧 관계와 지성과 문화와 영성의 측면에서 새로운 힘을 발휘할 수 있는 잠재력을 확신할 때 참된 정치 생활이 쇄신됩니다."
프란치스코, 「모든 형제들」, 196항

정치에도 온유한 사랑을 위한 자리가 있습니다. "온유함이 무엇입니까? 이는 바로 서로 가까이 다가가고 구체적으로 표현하는 사랑입니다. 이는 마음에서 우러나와 눈과 귀와 손에 이르게 되는 움직임입니다. 온유함은 가장 용기 있고 강인한 사람들이 걸어간 길입니다." 정치 활동을 통하여 가장 작은 이들, 가장 약한 이들, 가장 가난한 이들이 우리 마음을 온유하게 만들어야 합니다. 프란치스코, 「모든 형제들」, 194항

"인간은 정치적 동물"이라는 아리스토텔레스의 명언은 인간이 공동체에서 벌어지는 정치 행위를 통해서만 행복을 추구하는 '정치적 동물'일 수밖에 없다는 의미를 지니고 있습니다. 결국 인간이 공동체 안에서 살아가며 자신을 실현하고 행복해지기 위해서는 정치의 역할이 중요하다는 것을 말하는 것입니다. 동시에 아리스토텔레스는 『정치학』이란 책을 통해 이상적인 정치체제는 시민 개인의 이익이 아닌 전체의 이익을 목적으로 한다고 말합니다. 이는 이윤의 극대화 혹은 개인, 개개의 정당의 이익만을 목적 작동하는 현재의 정치에 경종을 울립니다. 정치는 공공선을 추구하며 한쪽만을 위한 것이 아니라 전체를 위한 선을 실현해야 한다는 것입니다. 요즘 한국 사회를 보면 정치가 사회 통합을 추구하고 모든 국민의 행복을 위하기보다는 개별 정당의 이득과 투표에서의 승리, 정권 창출에만 집중되어 있는 것 같습니다. 정치에서 국가와 국민은 사라지고 정치인들 자신의 명예와 인기, 당선을 위해 존재하는 듯합니다. 우리 한국 사회가 하루빨리 정치의 진정한 의미를 되찾고 대화와 타협, 정의를 실천하며 건강한 정치를 통해 우리 국민들에게 웃음과 행복을 되찾아 주기를 바라 봅니다.

정치만 잘하면 됩니다. 국민들은 강하고 위대합니다.

10장

평화

그 진정한 의미에 대하여

    인류의 역사가 곧 전쟁의 역사라고 표현할 만큼 끊임없이 전쟁이 발발하였습니다. 두 차례의 세계 대전을 포함하여, 많은 국가들 안에서 내전이 일어났고, 이러한 전쟁은 언제나 많은 희생과 고통을 남겼습니다. 그러나 2025년에도 러시아-우크라이나, 이스라엘-팔레스타인 전쟁을 비롯하여 수많은 국가에서 전쟁이 진행되고 있습니다. 무력을 통해 더 많이 파괴하고 승리함으로써 그것이 안정과 평화를 가져올 수 있다는 잘못된 환상에서 이 모든 것이 비롯되고 있습니다. 하지만 프란치스코 교황님은 2023년 1월 3일 일반 알현에서 이렇게 말합니다. "전쟁은 광기입니다. 전쟁은 언제나 패배만 남깁니다. 언제나 패배만 남길 뿐입니다." 이는 무력과 전쟁이 결코 평화를 가져올 수 없다는 의미입니다. 그리고 우리 시대 교황님들은 진정한 평화가 무엇인지 늘 고민하였고, 우리에게 그 가르침을 마음에 새겨 주십니다.

✢

진정한 평화란 '비전쟁非戰爭'에 그치는 것이 아닙니다. 혹은 사라지고 혹은 되살아나는 갈등들의 와중에 있다 하더라도, 그래서 비록 큰 노력이 따라야 한다 하더라도 사람들이 힘을 모아 일련의 사회적 문화적 정신적 제 가치들을 추구하면서 보다 큰 정의와 안전과 유대와 참여와 창조와 우애를 향하여 나아가고 있다는 것이 분명히 드러나고 있는 그런 것이 진정한 평화인 것입니다. 성 바오로 6세, 제10차 세계 평화의 날 담화

전쟁 무기의 균형으로 평화가 이룩되는 것이 아니고, 상호 신뢰에 의해서 참된 평화가 확립된다는 원리를 이해해야 합니다. 이는 객관적으로 가능할 뿐 아니라, 사실 올바른 이성의 외침이며, 대단히 바람직한 것이고, 더욱 높은 유익을 인간에게 가져올 것입니다. 성 요한 23세, 「지상의 평화」, 113항

평화는 "전쟁의 부재만이 아니라—특히 막중한 책임을 맡은 이들이—흔히 잊히거나 무시되어 온 우리 형제들의 존엄을 인정하고 보장하며 실질적으로 재확립하려는 끊임없는 노력입니다. (…)" 프란치스코, 「모든 형제들」, 233항

평화는 갈등을 무시하거나 숨기려는 시도가 아니라, 반대로 갈등을 기꺼이 받아들여 해결하고, 이를 새로운 전진의 연결고리로 만드는 것이어야 합니다. 우리는 평화의 장인이 되어야 합니다. 평화를 건설하는 일은 평정심과 창조성과 감수성과 기술을 요구하는 예술이기 때문입니다. 우리 주변에 평화의 씨앗을 뿌리는 것이 곧 성덕입니다. 프란치스코, 「기뻐하고 즐거워하여라」, 89항

평화, 그것은 인류의 이상입니다. 평화는 필요한 것입니다. 평화는 의무입니다. 평화는 유익한 것입니다. 그것은 우리가 고정시킨 비논리非論理의 이상이 아니며, 우리의 고집이나 환상도 아닙니다. 이것은 하나의 확신입니다. 그렇습니다. 이것은 하나의 소망이기도 합니다. 문명의 미래와 세계의 운명을 좌우하는 것이기도 합니다. 네, 평화가 그런 것입니다. 성 바오로6세, 제7차 세계 평화의 날 담화

평화는 인류 발전의 기본 이념입니다. 우리 인간의 보다 나은 생활과 역사를 낳아 주는 진정하고 풍요한 이념입니다. 평화는 또한 목적입니다. 목적은 피땀이 맺힌 수고의 월계관을 뜻합니다. 우리는 피땀을 흘리며 외계를 정복하고 정의와 행복이 반영되는 사회 질서를 건설합니다. 성 바오로 6세, 제3차 세계 평화의 날 담화

평화는 마음에서 시작됩니다. 우리는 먼저 이 마음속의 평화를 인식하고 재확인하고 원하고 사랑해야 합니다. 다음에 이 평화를 밖으로 드러내어 참신한 관습과 철학과 사회학 이론과 정치에까지 반영시켜야 합니다. 성 바오로 6세, 제3차 세계 평화의 날 담화

인간의 마음에 진정한 변혁이 일어나지 않는다면, 평화의 재건 그 자체도 오래가지 못하거나 환상에 지나지 않을 것입니다. (…) 평화는 모든 사람들의 책무입니다. 국제 기구들 또한 파당적 견해를 극복하고 전 세계적인 해결을 성취하기 위하여 막중한 역할을 수행하여야 합니다. 성 요한 바오로 2세, 제17차 세계 평화의 날 담화

우리는 참으로 평화를 원하고 있습니까? 그렇다면 우리 내심을 깊이 파헤쳐야 합니다. 그리고 우리 내부에 있고 우리들 사이를 갈라놓는 분열을 극복함으로써 인간의 근본 추진력들과 인간의 참본성에 대한 인식은 인간으로 하여금 타인들에 대한 마음의 개방과 상호존경, 인간애와 평화를 지향하게 만들리라는 우리 신념을 강화할 여지를 발견해야 합니다.

성 요한 바오로 2세, 제13차 세계 평화의 날 담화, 4항

평화는 대중의 지지가 있을 때 그 힘으로 유지됩니다. 그 지지는 개별적이든 익명이든 관계없습니다. 우리는 여론의 모양이 어떻게 형성되고 표현되는지를 잘 알고 있습니다. 진지하고 강한 주장은 쉽게 퍼져 나갑니다. 평화의 주장은 개인에서 시작해서 집단과 단체로 퍼져야 합니다. 그리고 민중이 시인하고, 다음은 민중의 공동체가 시인해야 합니다. 이와 같이 평화의 주장이 받아들여졌으면 다시 확신과 이념과 행동으로 옮겨져야 합니다. 그 다음은 새 젊은 세대의 생각과 행동에 침투되도록 해야 하고, 세계와 정치와 교육, 미래 문명을 하나로 모아 평화의 정신이 그 안에서 작용케 해야 합니다. 이런 일은 무엇이 무섭거나 마지못해서가 아니고 새 역사와 새로운 세계 건설을 위한 창의적인 충동에서 해야

합니다. 또 무관심이나 이기심으로 되는 일이 아니고 쌓이고 쌓인 인류애와 정신력을 가지고 해야 하는 일입니다. 평화는 용기입니다. 평화는 지혜입니다. 평화는 의무입니다. 결국에는 모든 관심과 행복 위에 있는 것입니다. 성 바오로 6세, 제7차 세계 평화의 날 담화

나의 메시지는 격언과도 같이 간단합니다. 평화는 가능하다! 이것입니다. 성 바오로 6세, 제6차 세계 평화의 날 담화

평화는 가능합니다. 그러나 평화는 지속적이고도 항상 새로운 노력을 통하여 쟁취되는 것이라는 확신을 가지고 여러분에게 호소합니다. 그렇습니다. 평화의 이상은 날마다 우리 한 사람 한 사람이 구체적으로 실현해 나가야 합니다. 성 요한 바오로 2세, 제14차 세계 평화의 날 담화

사실 "평화의 여정은 지속적인 투신을 요구합니다. 평화의 여정은 진리와 정의를 추구하고, 희생자들을 기억하며, 복수심보다 더 강한 공동의 희망으로 한 걸음씩 나아가는 길을 여는 인고의 노력입니다." 프란치스코, 「모든 형제들」, 226항

노무현 대통령이 탄핵되어 관저에 머물러 있던 시절 보좌관들은 평소에 대통령이 학습하기 힘든 주제를 보고하기로 했다고 합니다. 그 주제는 한반도의 4개 전쟁 계획 브리핑이었습니다. 이를 경청한 노무현 대통령은 이렇게 말했다고 합니다. "잘 들었습니다. 그러나 내 임무는 이러한 상황을 만들지 않는 것입니다." 아마 노무현 대통령은 평화가 무기와 힘을 통해서 얻을 수 있는 것이 아니며, 진정한 평화는 무력 대결 상황을 만들기 이전에도 성취할 수 있다는 것을 알고 있었던 것 같습니다. 지금 이 순간에도 많은 곳에서 전쟁이 일어나며 평화가 그 자리를 잃고 있습니다. 동시에 우리 마음 안에도 평화가 점점 사라지고 있습니다. 하지만 평화는 우리의 희망과 노력을 통해 분명 성취될 수 있는 것입니다. 그리고 바로 지금이 우리 각자뿐 아니라 온 세상에 진정한 평화가 실현될 수 있기를 희망하고 희망을 현실화시키도록 노력해야 할 시간입니다.

　숱한 외침을 당했던 한반도. 그만큼 고통과 눈물과 분투가 많았던 곳입니다. 한반도와 동북아의 평화, 평화는 우리의 생명과 직결됩니다.

　새벽에 일어나 기도드립니다. 이 땅에 마음의 평화, 땅의 평화가 충만해지길….

11장

환경

모두의 미래를 지키는 실천

    2008년 MBC에서 방영된 〈북극의 눈물〉이란 다큐멘터리는 당시 많은 사람을 눈물 흘리게 했습니다. 그 눈물은 단순히 자연의 아름다움과 우리가 가보지 못한 곳을 영상에 담아서가 아니었습니다. 기후변화에 따른 북극의 변화가 단지 그곳의 문제가 아니라 이미 시작된 우리의 문제라는 것에 공감하였기 때문일 것입니다. 그리고 많은 이들이 생태계 문제, 기후, 환경 변화에 대한 경각심을 느끼게 되었습니다.

    그런데 2025년 초 취임한 미국의 트럼프 대통령은 기후변화를 막기 위해 온실가스 배출을 자제하기로 한 협약인 '파리협정' 탈퇴에 서명했다고 합니다. 미국의 석유, 가스 시추 업체 생산량을 늘

리려는 의도인데 지금과 같은 전 세계적 기후 위기 상황에서 아쉬운 결정이란 생각을 거둘 수 없습니다.

누군가는 '한 사람, 한 국가의 노력이 빠진다고 그것이 기후에 얼마나 큰 영향을 미칠 수 있겠는가?' 하는 의문을 가질 수도 있습니다. 그러나 한 사람, 한 나라의 노력이 수백, 수만, 수억의 노력이 되고 그것이 우리 지구를 살릴 수 있는 가장 기본적이며 최선의 노력이라는 것을 부정할 수는 없을 것입니다. 지금이 병들어 가는 우리 지구를 살리기 위해 교황님들의 가르침을 마음에 새기며 우리의 노력을 시작해야 할 때입니다.

✢

오늘날 생태계의 붕괴라는 이 비극적인 징조는 개인적이든 집단적이든 탐욕과 이기심이 창조의 질서, 상호의존성을 그 특징으로 하는 창조 질서와 얼마나 상반되는가를 우리에게 가르쳐 주고 있습니다. 성 요한 바오로 2세, 제23차 세계 평화의 날 담화, 8항

우리에게는 우리가 살고 있는 위성인 지구의 개발이 합리적이고 솔직한 계획을 가지고 이루어져야 한다는 사실이 점차 심각하게 느껴지는 것 같다. 아울러 산업적인 목적뿐 아니고

군사 목적으로 이루어지는 지구의 개발, 장기적이고 진정 인본주의적인 계획의 범위를 이탈한 기술 공학의 통제 불가능한 발전이 인간의 자연 환경을 흔히 위협하고, 인간과 자연의 상호 관계에서 인간을 소외시키며, 인간을 자연에게서 이탈시키고 있다. 인간은 자연 환경을 놓고서 즉각적 이용과 소비에 유익한 것 말고는 다른 의미를 발견하지 못하는 듯하다. 그러나 창조주의 뜻은 인간이 현명하고 기품 있는 "주인"이자 "보호자"로서 자연과 통교通交하는 것이지 "착취자"나 "파괴자"로서 자연을 대하는 것이 아니었다. 성 요한 바오로 2세, 「인간의 구원자」, 15항

생태계의 민감한 균형은 무절제한 동식물의 남획과 무분별한 자연 자원의 개발로 파괴되고 있습니다. 이 모든 것은 비록 발전과 복지라는 명분으로 이루어진다 하더라도 궁극적으로는 인류에게 손실을 미친다는 사실이 직시되어야만 합니다. 성 요한 바오로 2세, 제23차 세계 평화의 날 담화, 7항

우리 공동의 집인 지구를 돌보아야 할 필요성에 대하여 말할 때, 우리는 사람들 마음속에 아직 살아 있는 보편적 양심과 상호 관심이라는 불꽃에 호소합니다. 풍족하게 물을 사용할

수 있지만 인류 가족을 위하여 물을 아끼는 사람들은, 자신과 자신이 속한 단체 너머로 바라볼 수 있는 도덕적 수준에 도달해 있는 것입니다. 이 얼마나 훌륭하게도 인간적인지요! 우리 울타리 밖의 사람들일지라도 모든 사람의 권리를 인정한다면 이와 같은 태도가 요구됩니다. 프란치스코, 「모든 형제들」, 117항

자연도 하나의 '소명'입니다. 자연은 "여기저기 흩어져 있는 쓰레기 더미"가 아니라 창조주의 선물로서 우리가 이용할 수 있는 것입니다. 창조주께서는 인간이 자연을 "일구고 돌보는" 데에 필요한 원칙들을 자연에서 이끌어 낼 수 있도록 자연에 내재적 질서를 부여하셨습니다. 그러나 자연을 인간 자신보다 더 중요한 것으로 보는 것은 진정한 발전에 위배된다는 사실도 강조할 필요가 있습니다. (…) 자연을 우연적 산물의 집합으로 격하시키면 결국에는 환경을 파괴하고 심지어 인간의 본성 자체를 존중하지 않는 행동을 조장하게 됩니다. 베네딕토 16세, 「진리 안의 사랑」, 48항

우리의 공동의 집 our common home 을 보호해야 하는 긴급한 과제에는 모든 인류 가족 the whole human family 을 함께 모아 지속가능하고 통합적 발전 a sustainable and integral development 을 추구

하도록 하는 일도 포함이 됩니다. 프란치스코, 「찬미받으소서」, 13항

사람을 돌보는 일과 생태계를 돌보는 일은 분리될 수 없습니다. 이러한 사실은 "숲이 착취되어야 할 자원이 아니라 우리가 관계를 맺어야 하는 존재 또는 다양한 존재들"로 여겨지는 곳에서 특히 중요합니다. (…) 자연을 남용하는 것은 우리 조상과 형제자매와 피조물과 창조주를 모독하는 것이며 미래를 저당 잡히는 것입니다 프란치스코, 「사랑하는 아마존」, 42항

유감스러운 일이지만, 지구상의 여러 나라와 지역의 수많은 사람들이 환경을 책임 있게 관리할 의무를 무시하거나 거부하는 다른 많은 사람들 때문에 점점 더 많은 시련을 겪고 있습니다. (…) 창조 재화는 인류 전체에 속한 것입니다. 그러나 현재의 환경 착취 속도는 현세대뿐만 아니라 무엇보다 미래의 모든 세대에게 자연 자원을 공급하는 일을 심각히 위협하고 있습니다. 환경 파괴는 흔히 장기적인 정책들의 결여나 근시안적인 경제 이익 추구에서 기인하고, 결국 이는 피조물에 비극적이고 심각한 위협이 됩니다. 이러한 현상에 대처하려면, "모든 경제 결정은 도덕적 결과를 가진다."는 사실을 고려하고 따라서 환경에 대한 존중을 보여 주는 경제 활동

이 요구됩니다. 자연 자원을 이용할 때 우리는 그에 대한 보호와 발생할 수 있는 전체 비용의 필수적인 부분으로서 그에 수반되는 환경적 사회적 비용을 고려하여야 합니다. 국제 공동체와 각국 정부들은 환경 남용에 효과적으로 대처하기 위한 올바른 신호를 보낼 책임이 있습니다. 환경을 보호하고 자연 자원과 기후를 보호하려면 명확하게 정의된 법칙에 따라, 또한 법률적 경제적 관점에 따라 행동하여야 합니다. 그와 동시에 세계의 빈곤 지역들에 살고 있는 사람들과 미래 세대들에게 마땅히 보여 주어야 할 연대를 고려하여야 합니다. 베네딕토 16세, 제43차 세계 평화의 날 담화, 7항

생태 위기의 심각성은 우리 모두 공동선을 생각하고 언제나 "실재가 생각보다 더 중요하다."(「복음의 기쁨」, 231항)는 원칙을 기억하며 인내와 절제와 관용을 필요로 하는 대화의 길로 나아갈 것을 요청합니다. 프란치스코, 「찬미받으소서」, 201항

자연 보호를 위해서는 경제적 보상이나 제재를 통한 개입으로는 충분하지 않습니다. 적절한 교육으로만도 충분하지 않습니다. 이러한 방법들도 중요하지만 결정적인 문제는 사회의 전반적인 도덕적 자세입니다. 생명권과 자연사의 권리가

존중되지 않고, 인간의 수정과 임신, 출산이 인위적으로 이루어지며, 인간 배아가 연구에 희생된다면, 사회의 양심은 결국 인간 생태학의 개념과 더불어 환경 생태학의 개념을 잃어 버리고 말 것입니다. 베네딕토 16세, 「진리 안의 사랑」, 51항

인간은 선진 기술의 도움으로 자연을 보호하고 자연의 혜택을 누리며 자연을 새롭게 가꾸어 나감으로써 자연이 전 세계인들에게 훌륭한 서식처와 양식을 제공할 수 있도록 자연을 합리적이고 책임 있게 관리하여야 합니다. 베네딕토 16세, 「진리 안의 사랑」, 50항

※

관념철학의 기반을 확립한 프로이센 철학자 임마누엘 칸트는 『도덕형이상학』의 "덕론" 17절에서 이렇게 말합니다.

자연의 아름다움을 고려할 때, 비록 생명은 없을지라도 자연을 그저 파괴하려는 성향(파괴정신)은 사람의 자기 자신에 대한 의무를 거슬리는 일이다. 왜냐하면 그것은 사람 속에 내재한 어떤 감정—그것은 비록 그 자체로 도덕적인 것은 아니지만,

도덕성을 매우 촉진하고, 이용에 대한 의도 없이도 최소한 무엇을 좋아하게 하는 데에(예를 들어 아름다운 크리스탈이나 형언할 수 없는 식물계의 아름다움) 마음을 쓰는 감성의 어떤 분위기 — 을 약화시키거나 제거하기 때문이다. 비록 이성은 없지만 살아 있는 피조물의 일부를 고려할 때, 동물은 난폭하고 잔혹하게 다루는 일을 삼가야 할 의무는 사람의 자기 자신에 대한 의무에 내적으로 훨씬 더 가까운 일이다. 왜냐하면 난폭하고 잔혹한 행위를 하면, 동물의 고통에 대한 사람의 동정심이 위축되고, 또 다른 사람과의 관계에서 매우 이로운 자연적인 소질인 도덕성의 소질이 점점 약화되어서 결국은 없어져 버릴 것이기 때문이다.

칸트가 말하듯, 자연 존재는 우리 인간 의무의 대상입니다. 그것을 파괴하지 말아야 할 의무이며, 도덕적 실천의 대상인 것입니다. 이 의무는 단순히 죄를 짓지 않기 위해서나 누군가 하라고 해서 하는 것이 아니라, 우리가 인간답게 살기 위해서이며 동시에 미래의 세대가 살아갈 수 있게 하기 위해서입니다. 오늘도 저는 생각해 봅니다. "과연 우리는 미래의 세대에게 무엇을 남겨 줄 수 있을 것인가?" 우리 미래 세대에게 더 좋은 것을 전해 줄 수 있는 실천이 어느 때보다 절실히 요청되고 있습니다.

코로나가 왔을 때 고통스러웠습니다. 그런데 어느 날 문득 미세먼지가 사라진 맑은 하늘을 볼 수 있었습니다. '아! 발전 방식을 바꾸면 환경을 지킬 수 있구나!' 깊이 느끼는 시간이었습니다. 밤하늘에 별을 볼 수 있는 세상, 저는 당신에게 별을 선물하고 싶습니다.

12장

희망

고통을 딛고 피어나는 꽃

여러분들이 간직한 희망은 무엇인가요? 수많은 현인들은 인생은 고통이라고 말합니다. 실제로 우리가 마주하는 삶의 현실을 생각해 보면 그리 녹록치 않습니다. 혹 매일매일을 도무지 끝이 보이지 않는 어두운 터널을 지나듯 터벅터벅 걸어가고 있는 스스로를 바라보며, 절망의 암운 아래 짓눌려 살아가고 있는지도 모르겠습니다.

이 고통 속에서도 우리를 살게 하는 힘은 무엇인지 질문해 봅니다. 그것은 우리 마음속에 품고 있는 희망입니다. 작은 것에 대한 희망이든, 큰 것에 대한 희망이든, 희망은 우리에게 살아갈 힘을 줍니다. 희망은 고통일지 모를 인생에서도 행복을 찾게 합니다. 슬픔의 눈물 뒤에 기쁨의 웃음이 찾아올 것임을 희망하기에, 이 모든 것들을 마주하며 살아갈 수 있습니다. 그렇게 희망은 우리 인생에서 만날 수많은 희로애락을 향유케 합니다.

우리가 이 책에서 만나는 교황님들은 모두 '희망의 사람'들입니다. 절망이 가득해 보이는 세상에서, 그 자신이 희망을 잃지 않으며, 세상 사람들에게 고통과 아픔들을 견뎌낼 힘을 주는 희망의 사람들입니다.

가톨릭 교회는 오랜 전통에 따라 교황은 25년마다 희년을 선포합니다. 희년을 맞이한 올해 2025년에 프란치스코 교황이 선포한 핵심 메시지도 바로 '희망'입니다. 오늘날의 녹록치 않은 현실을 살아가고 있는 나에게 교황님들이 어떠한 희망의 메시지를 전하시는지 귀 기울여 들어 봅시다.

✢

사람은 누구나 희망을 품고 있습니다. 내일 무슨 일이 닥칠지 알 수 없지만, 희망은 좋은 일이 생기리라는 기대와 바람으로 저마다의 마음속에 자리합니다. 그러나 미래에 대한 불확실성은 때때로 상반되는 감정을 불러일으킵니다. 확고한 신뢰에서 우려로, 평온에서 불안으로, 확신에서 주저와 의심으로 변합니다. 아무것도 행복을 가져다줄 수 없다는 듯 낙심하여 미래를 비관적이고 냉소적으로 바라보는 사람들을 우리는 빈번히 마주칩니다. 이 희년이 우리 모두에게 희망을 되살릴 수 있는 기회가 되기를 바랍니다. 프란치스코, 「희망은 우리를 부끄럽게 하지 않습니다」, 1항

희망은 "우리에게 갈증, 갈망, 충만에 대한 열망, 성취된 삶에 대한 열망에 관하여 말합니다. 또한 위대한 것을 이루려는 열망, 우리 마음을 채워 진선미, 정의, 사랑처럼 위대한 것들을 향하여 정신을 들어 높이는 것을 이루려는 열망에 대하여 말합니다. (…) 희망은 담대합니다. 삶을 더욱 아름답고 품위 있게 해 주는 위대한 이상에 열려 있도록, 희망은 시야를 제한하는 개인의 안위, 사소한 안전이나 보상을 넘어 바라보는 법을 압니다." 프란치스코, 파드레 펠릭스 바렐라 문화센터에서 젊은이들에게 한 인사, 쿠바 아바나, 《로세르바토레 로마노》, 2015.9.21-22 기사, 6면

인간의 모든 진지하고 올바른 행위는 희망의 활동입니다. 이는 무엇보다도 우리가 크고 작은 희망을 실현하고자 노력한다는 의미에서 그러합니다. 곧 우리는 우리의 계속되는 여행에 중요한 여러 과제를 완수하고자 노력합니다. 또한 더 밝

고 더 인간적인 세상을 향하여 노력함으로써 미래의 문이 열리는 데 기여하고자 합니다. 그러나 우리가 작은 실패나 역사적으로 중요한 사건들의 좌절에도 스러지지 않는 위대한 희망의 빛으로 깨우침을 얻지 않으면, 내 삶과 세상의 미래를 위한 날마다의 노력에서 지치거나 광신주의에 빠지고 말 것입니다. 우리가 언제든 실제로 달성할 수 있는 것 이상의 어떤 것, 또는 정치적 경제적 권위자가 약속한 것 이상의 어떤 것을 희망할 수 없다면, 우리 삶은 곧 희망 없는 삶이 되어 버릴 것입니다. 중요한 것은, 나 자신의 삶 속에서 또는 내가 살고 있는 이 역사 속에서 희망할 것이라곤 전혀 남아 있지 않은 것처럼 보여도 내가 언제나 희망할 수 있다는 사실을 아는 것입니다. 내 삶과 역사 전체가 온갖 좌절에도 스러지지 않는 사랑의 힘으로 굳건히 지탱되고 이로써 그 고유한 의미와 중요성을 지니게 된다는 굳은 희망, 오로지 이러한 희망만이 행동하고 인내할 수 있는 용기를 줄 수 있습니다.

베네딕토 16세, 「희망으로 구원된 우리」, 35항

목표를 향해 나아가는 현재라면, 그리고 우리가 이 목표를 확신할 수 있다면, 또한 이 목표가 힘든 여정을 정당화할 수 있을 만큼 위대한 것이라면, 비록 고달프더라도 우리가 받아들이

고 살아갈 수 있는 현재입니다. 베네딕토 16세, 「희망으로 구원된 우리」, 1항

희망은 우리에게 언제나 헤쳐 나갈 길이 있고, 길을 바꿀 수 있으며, 문제 해결을 위하여 노력할 수 있다는 것을 인식하게 해 줍니다. 프란치스코, 「찬미받으소서」, 61항

여러분에게는 희망이 있습니다. 여러분이 미래에 속해 있고, 미래는 여러분들에게 달려 있기 때문입니다. 희망은 언제나 미래로 이어지는 까닭에, 희망은 "미래의 행복"에 대한 기대입니다. 성 요한 바오로 2세, 「전 세계의 젊은이들에게」, 1항

철저한 좌절 속에서 포기하고 싶은 유혹을 받고 있을 때, 고통과 죽음과 최후의 대면을 하고 있는 인간의 마음속에서 일어나는 요구는 무엇보다도 시련의 때에 필요한 동료의식과, 동정과 지지에 대한 요구입니다. 성 요한 바오로 2세, 「생명의 복음」, 67항

고립되거나 또는 자기 자신이나 자기 이익에만 갇혀 있는 것은 결코 희망을 되찾고 쇄신을 가져오는 길이 아닙니다. 오히려 가까이 다가가는 것 그리고 만남의 문화가 희망과 쇄신의 길입니다. 프란치스코, 「모든 형제들」, 30항

우리의 삶은 우리 공동 역사의 결정적 사건들을 용감하게 써 내려온 평범한 사람들과 함께 엮여 있고 그들을 통하여 지탱된다는 사실을 우리는 인식할 수 있습니다. 이 평범한 사람들은 의사, 간호사, 약사, 상점 종업원, 환경미화원, 요양사, 운송 종사자, 기본 서비스 제공자와 보안 요원, 자원봉사자, 사제와 수도자 등입니다. 이들은 그 누구도 혼자 구원받을 수 없다는 사실을 깨달은 사람들입니다. 프란치스코, 「모든 형제들」, 54항

여러 많은 고통과 시련을 겪을 때 우리는 언제 따뜻한 방문이라든지 내적 외적 상처를 위한 치유라든지 위기에서 성공적으로 벗어나는 것과 같은 크고 작은 희망을 필요로 합니다. 그다지 크지 않은 시련을 겪을 때에는 이러한 희망만으로도 충분할 수 있습니다. 그러나 정말 힘든 시련이 닥쳐서나 자신의 행복이나 성공이나 소유보다도 진리를 앞세워야 하는 단호한 결정을 내려야 할 때 바로 이러한 참되고 커다란 희망의 확신이 필요합니다. 이러한 확신을 위해서도 우리는 증인들, 곧 자신을 온전히 바쳐 우리에게 길을 보여 주는 순교자들이 날마다 필요합니다. 우리가 날마다 부딪치는 사소한 선택들에서도 안위보다는 선을 우선하고자 한다면, 그리고 이것이 삶을 온전하게 사는 법임을 안다면, 그러한 증

인들이 필요합니다. 다시 한번 말씀드립니다. 진리에 대한 사랑 때문에 고통 받을 수 있는 역량은 인간다움의 척도입니다. 그러나 이러한 역량은 우리가 우리 안에 지니고 있으면서 키워 나가는 희망이 어떤 것이고 얼마나 큰가에 달려 있습니다. 성인들은 큰 희망으로 가득 차 있었기 때문에 그리스도께서 앞서 보여 주신 대로 인간 삶의 위대한 여정을 걸어갈 수 있었습니다. 베네딕토 16세, 「희망으로 구원된 우리」, 39항

우리 그리스도인은 내가 나를 어떻게 구원할 수 있는가만 생각할 것이 아니라, 다른 이들이 구원받고 그들에게도 희망의 별이 떠오르게 하려면 내가 무엇을 할 수 있는가도 생각해야 합니다. 그럴 때에 우리는 우리 자신의 구원을 위해서도 최선을 다하는 것입니다. 베네딕토 16세, 「희망으로 구원된 우리」, 48항

희망을 가진 이는 다른 삶을 살게 됩니다. 희망하는 이는 새 생명의 선물을 받습니다. 베네딕토 16세, 「희망으로 구원된 우리」, 2항

거룩한 사람들은 소심하거나 침울하거나 언짢거나 우울하거나 암울한 얼굴과는 거리가 멉니다. 거룩한 이들은 기쁨과 즐거운 유머로 가득합니다. 그들은 철저히 현실적이지만 긍

정적이고 희망에 가득 찬 영으로 다른 이들을 비춥니다. 프란치스코, 「기뻐하고 즐거워하여라」, 122항

희망을 가지고 나아갑시다! 성 요한 바오로 2세, 「새천년기」, 58항

┼

베네딕토 16세께서는 「희망으로 구원된 우리」에서 이제는 고인이 된 베트남 구엔 반 투안 추기경에 대해 말씀하십니다.

┼

추기경님은 13년이라는 긴 옥살이 가운데 9년을 독방에서 지냈습니다. 그는 『희망의 기도 Prayers of Hope』라는 주옥 같은 작은 책을 남겼습니다. 13년 동안 한 줄기 희망도 없어 보이는 감옥 생활 속에서, 하느님께 귀 기울이고 말씀드릴 수 있다는 사실만으로 그는 희망의 힘을 키울 수 있었습니다. 감옥에서 풀려난 다음에 그는 전 세계 모든 사람을 위하여 희망의 증인, 고독한 밤에도 결코 지지 않는 그 위대한 희망의 증인 될 수 있었습니다. 베네딕토 16세, 「희망으로 구원된 우리」, 32항

이처럼 고통 중에서도 희망의 꽃은 피어납니다. 우리가 잘 알고 있는 박노해 시인 또한 무기수로 투옥하던 중에도 독서와 집필을 이어가며, 희망을 발견해 나아갑니다. 옥중 에세이『사람만이 희망이다』의 추천 글에서 김수환 추기경은 그를 "크나큰 고통 속에서 깊은 묵상과 기도, 끊임없는 자기 부정을 통해 꿋꿋한 희망의 사람으로 새롭게 태어"났다고 평가합니다.

박노해 시인은 "다시"라는 시를 통해, 우리에게도 '희망의 사람'이 되자고 초대합니다.

희망찬 사람은
그 자신이 희망이다

길 찾는 사람은
그 자신이 새 길이다

참 좋은 사람은
그 자신이 이미 좋은 세상이다

사람 속에 들어 있다

사람에서 시작된다

다시

사람만이 희망이다

프란치스코 교황님의 말씀처럼 다짐해 봅니다.

─┼─

"희망을 품고 우리 함께 걸어갑시다." 프란치스코, 「모든 형제들」, 55항

2부

교황님 삶의
소명이 된 말씀

1장
순명과 평화

Oboedientia et Pax

성 요한 23세
1958년 10월 28일부터 1963년 6월 3일까지 재임한 261대 교황

비오 12세의 선종 후, 당시 베네치아 총대주교였던 안젤로 주세페 론칼리 추기경이 1958년 10월 28일 261대 교황으로 선출됩니다. 교황은 부친의 이름이 요한이었고, 본인이 세례를 받은 본당 이름, 가톨릭 교회의 주교좌 대성당 이름이 모두 요한이기 때문에 자신의 이름을 '요한'이라고 지었다고 하였습니다. 그리고 덧붙여 이렇게 말했습니다.

지금까지 총 스물 두 분이 적법한 절차에 따라 '요한'이라는 이름으로 교황이 되셨으며, 이 이름을 선택한 분들은 대부분 짧은 기간 동안 교회를 통치하셨습니다.

교황으로 선출될 당시 그분의 나이는 이미 77세로 고령이었습니다. 그래서 많은 이들은 성 요한 23세를 과도기적 교황 혹은 징검다리 교황이라고 말했습니다. 그러나 성 요한 23세는 이러한 평가를 무색하게 할 정도로 세상을 위해 많은 일을 하셨습니다. 그리고 요제프 수아넨스 추기경이 "그분은 새로운 시대를 열고, 20세기에서 21세기로 넘어가는 과도기에 말뚝을 세웠다고 말할 수 있습니다."라고 언급한 것처럼 오히려 새로운 시대를 열었던 교황이었는데, 이는 성 요한 23세의 사목 표어司牧 標語[주교나 사제가 자신의 사목 활동에서 중요하게 여기는 신앙적 가치나 사명을 함축적으로 담은 문구로, 성경 구절에서 가져오거나 신앙의 핵심 정신을 표현하는 경우가 많음]에서도 그 의지가 드러납니다.

성 요한 23세의 사목 표어는 "순명과 평화Oboedientia et Pax(오베디엔치아 엣 팍스)"입니다. 교황은 제2차 세계대전을 경험하였고, 전쟁 이후 세계가 겪고 있는 냉전 시기의 갈등을 몸소 경험했습니다. 동시에 교황이 되기 전 외교관으로서 다양한 활동을 통해 교회가 세상에 긍정적인 영향을 미치고 무엇보다 인류의 평화를 위해 봉사해야 한다는 것을 깨달았습니다. 이러한 의지가 교황의 사목 표어에 그대로 드러나고 있습니다. 여기에서 순명은 하느님과 교회의 가르침에 대한 충성을 뜻하고, 평화는 인류의 화합과 이해를 의미하는 것입니다.

이러한 교황의 의지와 실천은 무엇보다 제2차 바티칸 공의회 소집을 통해 드러납니다. 과도기적 교황이 될 것이라는 모두의 생각과는 달리 성 요한 23세는 앞으로 가톨릭 교회의 가장 큰 변화를 일으키게 될 공의회를 소집했고, 동시에 수많은 반대도 마주하게 됩니다. 이것에 대한 많은 재미있는 이야기가 전해지는데 그중 하나는 이것입니다. 많은 반대자 중에 어느 한 신부님이 교황님께 "1963년에 공의회를 소집하는 것은 절대 불가능합니다."라고 했습니다. 그러자 성 요한 23세는 "63년이 안 되면 62년에 소집하면 되겠군요."라고 말했다고 합니다. 그래서 실제로 제2차 바티칸 공의회가 1962년에 소집되었다는 이야기도 있습니다. 어쨌든 성 요한 23세는 1962년 10월 11일 전 세계 2,500여 명의 주교들을 소집하여 제2차 바티칸 공의회를 개최하였고, 개막 연설에서 이렇게 말합니다.

이제 그리스도의 신부는 엄격함이 아닌 자비의 영약을 사용하고자 합니다. (…) 가톨릭 교회는 공의회를 통하여 신앙 진리의 횃불을 높이 들고, 사랑이 넘치는 모든 이의 어머니, 인자하고 인내하는 어머니, 갈라져 사는 자녀들에게 다정하고 자비로운 어머니로서 자신의 모습을 드러내고자 합니다.

성 요한 23세는 공의회가 교회를 쇄신하고, 현대 세계의 요구에 응답하기 위한 것임을 강조하며 교회의 가르침이 진정한 의미를 찾기 위해 세상을 향하고, 동시에 평화에 봉사하기 위한 위대한 변화의 첫걸음을 시작합니다. 그러나 아쉽게도 성 요한 23세는 공의회 소집 직전 이미 위암을 앓고 있었고 공의회가 끝나기 전 선종하십니다. 그리고 공의회는 다음 교황인 성 바오로 6세에 의해 마무리됩니다. 그러나 분명한 것은 성 요한 23세는 '순명과 평화'를 온전히 실천하여 교회가 그동안 지녀왔던 세상에 대한 부정적이고 폐쇄적인 자세를 변화시키고, 쇄신을 이루어 냈습니다.

한편 성 요한 23세는 냉전의 시대 한가운데에서 교황직을 수행했습니다. 그리고 1962년 10월에는 '쿠바 미사일 위기'로 핵전쟁의 위기가 고조되었습니다. 미국이 터키에 핵탄두를 설치하자 소련은 쿠바에 핵미사일 기지를 설치합니다. 그러자 미국은 쿠바를 봉쇄하고, 소련의 탄도 미사일을 운반하는 화물선과 대서양에서 대치하는 상황이 발생합니다. 이러한 위기 상황에서 성 요한 23세가 소련과 미국 사이를 중재하여 핵전쟁의 위기가 해결됩니다. 이 중재 활동을 통해 이후 소련은 바티칸과 좋은 관계를 유지하고 싶다고 밝혔고, 이후 소련의 변화에 성 요한 23세는 큰 역할을 하게 됩니다. 물론 성 요한 23세의 행보에 대해 공산주의에 우호적인 입장을 취한다는 비난도 있었습니다. 그러나 교황은 "나는 내 방문을 두드리는 사람을 모두 맞아들여야 합니다."라며 가장 중요한 것은 평화를 위해 먼저 손을 내밀고, 편견 없이 이해하고 대화하는 것이 평화의 첫걸음이라는 것을 보여 주었습니다.

    쿠바의 미사일 위기가 지나가고 1963년에 성 요한 23세는 위암으로 건강이 좋지 않은 가운데도 「지상의 평화」라는 회칙을 발표합니다. 이 회칙은 "진리, 정의, 사랑, 자유를 토대로 하는 모든 민족들의 평화에 대하여" 말하는 내용으로 새롭고 강력한 핵무기의 위험을 사실적으로 경고했습니다. 또한 평화는 공정한 세계 질서에 의해 유지되며 상호 신뢰와 공평한 계약이 중요하다는 것을 강조했습니다. 그래서 반포된 지 60여 년이 지난 지금도 여전히 유효하고 중요한 회칙으로 다뤄집니다. 프란치스코 교황은 2023년 4월에 성 요한 23세의 「지상의 평화」라는 회칙을 "먹구름 속에서 한 줄기 빛을 볼 수 있는 진정한 축복"이라고 표현했습니다. 즉 전쟁과 핵 위협이라는 먹구름 속에서 이 회칙이 한 줄기 빛이 된다는 것입니다. 이처럼 성 요한 23세는 회칙을 통해 순명으로 교회의 가르침을 전달하면서 그것이 세상의 평화에 봉사할 수 있도록 노력하셨습니다.

    그리고 성 요한 23세는 「지상의 평화」 회칙을 발표한 두 달 뒤인 1963년 6월 3일에 선종하셨습니다. 교황이 선종하시며 마지막으로 "주님, 제가 주님을 사랑하는 줄을 주님께서는 아십니다."라고 말씀하셨다고 전해집니다. 이 말씀은 하느님 품으로 가는 그 순간까지 교황으로서 사랑하는 양떼를 보살피는 착한 마음을 느끼게 해 줍니다. 교황의 선종 후 2000년에 성 요한 바오로 2세에 의해 시복되었고, 2014년 4월 27일 프란치스코 교황에 의해 성인이 되십니다.

성 요한 23세가 선종하고 60여 년이 지난 지금도 우리 세상에는 전쟁이 벌어지고, 평화보다 갈등이 더 많이 존재합니다. 늘 자신의 이익과 입장만을 고수하며 평화보다는 힘의 논리로 다른 이들보다 우위에 서려는 논리가 세상을 지배합니다. 이러한 시대에 성 요한 23세는 우리의 삶에서 더 중요한 가치가 무엇인지, 우리가 진정으로 추구해야 하는 것이 무엇인지 알려 주고 있습니다. "오베디엔치아 엣 팍스"를 몸소 보여 주신 성 요한 23세처럼 지금이 우리가 세상의 평화를 위해 순명과 봉사를 실천해야 할 때입니다.

2장

동산에서 그분과 함께

Cum Ipso in Monte

성 바오로 6세
1963년 6월 21일부터 1978년 8월 6일까지 재임한 262대 교황

성 요한 23세가 선종하신 후 추기경단은 1963년 6월 3일 교황 선거를 시작하였고, 같은 해 6월 21일 당시 밀라노 대교구 주교였던 '조반니 바티스타 몬티니' 추기경을 262대 교황으로 선출합니다. 몬티니 추기경은 전임 교황이었던 비오 12세와 성 요한 23세와 가까운 관계였으며, 바티칸에서 오랫동안 일했기 때문에 바티칸 업무에 대해 이미 잘 알고 있는 사람이었습니다. 그리고 새로운 교황은 자신의 이름을 '바오로 6세'로 선택하였습니다. 교황이 바오로 6세로 자신의 이름을 선택한 이유는 구체적으로 알려지지 않았습니다. 그러나 성 바오로 6세는 교황이 된 이후 교회의 선교를 강조하며 "현대의 복음선교"라는 권고를 발표하였고, 교회의 발전

과 일치, 현대 세계와 교회의 대화를 강조한 것으로 미루어 볼 때, 바오로 사도의 삶과 가르침을 본받고 싶었던 것으로 보여집니다.

성 바오로 6세의 사목 표어는 "동산에서 그분과 함께 Cum Ipso in Monte(쿰 입소 인 몬테)"입니다. 여기에서 "동산 Monte"은 성경에서 기도와 묵상, 그리고 하느님과의 만남이 이루어지는 장소를 상징합니다. 그리고 "그분 Ipso"는 당연히 예수 그리스도를 의미합니다. 그러므로 이 표어에는 예수 그리스도와 끊임없이 기도와 묵상을 통해 친밀해지고, 그분과 함께하고 일치하는 가운데 교황의 역할을 수행하고자 하는 의지가 담겨 있습니다. 동시에 성 바오로 6세의 사목 표어는 그분의 평소 성격과도 연결점을 찾을 수 있습니다. 교황과 이전부터 친분이 두터웠던 성 요한 23세는 성 바오로 6세를 "햄릿을 닮은 인물"이라고 묘사했습니다. 그 정도로 매우 신중하고, 중요한 문제를 마주했을 때 매우 심사숙고하는 성격이었습니다. 이러한 성격은 교황으로서 정말로 옳은 것이 무엇인지를 늘 고민하게 했습니다. 고민을 마주했을 때 "기도 안에서 예수 그리스도 함께" 실천하고자 했던 교황의 의지가 사목 표어 안에도 담겨 있습니다.

"동산에서 그분과 함께"하는 여정은 전임 교황이 시작했던 제2차 바티칸 공의회를 계속하는 데서 시작되었습니다. 성 요한 23세가 소집한 제2차 바티칸 공의회는 1회기를 끝으로 성 요한 23세가 선종하시며 중단되었습니다. 그리고 공의회가 계속되기 위해서는 후임 교황의 의지가 중요했는데, 성 바오로 6세는 첫 교서를 통해 제2차 바티칸 공의회를 계속하겠다고 선언합니다. 흥미로운 점은 성 요한 23세가 제2차 바티칸 공의회를 개최하려고 할 때 당시 추기경이었던 성 바오로 6세는 이렇게 말했다고 합니다. "이 성스러운 만년 소년은 자기가 말벌의 집을 들쑤시고 있는 줄도 모르는 것 같다." 아마도 공의회가 소집되기 이전에는 성 바오로 6세는 회의적인 시각을 가지고 있었지만, 공의회가 개최되고 그 안에서 "동산에서 그분과 함께"한다는 것을 체험하게 되면서 그 입장이 변화한 것 같습니다. 그리고 마침내 성 요한 23세가 시작한 제2차 바티칸 공의회는 성 바오로 6세의 의지와 인내를 통해 교회의 변화와 쇄신이라는 큰 업적을 이루며 1965년 마무리됩니다. 이러한 업적에 대해 한 추기경은 '성 바오로 6세가 제2차 바티칸 공의회 순교자'라고 표현하였습니다.

한편 성 바오로 6세는 이름을 통해 바오로 사도를 기억한 것처럼 선교에 많은 관심을 가졌습니다. 그리고 많은 순례를 했던 "순례자 교황"으로 불리며 다섯 대륙을 모두 방문한 최초의 교황이었습니다. 동시에 역대 교황 가운데 처음으로 1965년에 미국을 방문하였습니다. 당시 미국은 베트남 전쟁이 확대되어 가는 시기였으며, 이를 위해 교황은 유엔에서 평화를 주제로 말했습니다. "더 이상 전쟁은 안 됩니다. 두 번 다시 전쟁이 일어나서는 안 됩니다. 평화, 우리 인류의 운명을 이끌어야 하는 것은 바로 평화입니다." 성 바오로 6세는 전 인류가 원하는 평화를 촉구하고 예수 그리스도가 명하신 사랑을 강조하며 "동산에서 그분과 함께"라는 사목 표어를 실천하였습니다.

이처럼 수많은 순례를 하던 교황이 1970년 필리핀을 방문했을 당시 괴한으로부터 피습을 당하는 일이 발생했습니다. 이 사건은 사실 잘 알려지지 않았습니다. 왜냐하면 교황이 피습을 당할 당시 가슴에 상처를 입은 가운데서도 미소로 그 부상을 숨겼기 때문입니다. 이는 2011년 성 바오로 6세의 비서였던 파스칼레 마치 몬시놀이 바티칸 방송의 한 프로그램에서 말해서 알려졌습니다. 마치 몬시놀은 성 바오로 6세의 상처가 다행히 치명적인 것은 아니었지만, 당시 교황이 보여 주었던 감미로운 미소를 잊을 수 없다고 말했습니다. 교황은 사고에도 불구하고 모든 계획을 수행하였고, 이후에 이 사건에 대해 이야기하는 것을 원하지 않았다고 합니다. 어쩌면 교황의 이런 행동은 이미 괴한을 용서한 것이며, 그가 죄인으로 낙인찍혀 고통을 받게 하고 싶지 않다는 의지일 것입니다. 그런데 더 흥미로운 점은 당시 괴한이 교황을 공격했을 때 이를 막아낸 분이 우리나라 최초의 추기경인 김수환 추기경이었다는 것입니다. 당시 기사에는 김수환 추기경이 태권도로 괴한을 막아냈다는 소식이 퍼졌는데, 나중에 김수환 추기경이 2003년에 어느 인터뷰에서 그저 본능적으로 괴한을 밀쳐냈다고 당시를 회상했습니다. 참고로 김수환 추기경은 성 바오로 6세로부터 추기경으로 서임되었습니다.

성 바오로 6세의 "동산에서 그분과 함께"하는 여정은 타 종교와의 대화로 이어집니다. 특히 1964년 예루살렘을 방문하셨을 때 콘스탄티노플의 아테나고라스 1세 동방 정교회 총대주교와의 만남이 이루어집니다. 이는 1054년 동방, 서방 교회가 상호 파문한 이후 처음 있는 일이었고, 이 만남은 1965년 12월 7일에 상호 파문을 철회하는 결과로 이어집니다. 이후에도 성 바오로 6세는 동방 정교회와 자주 상호 방문을 하였고, 나아가 영국 성공회와의 만남도 가졌습니다. 성 바오로 6세는 직무를 통해 사목 표어를 실천하려 했습니다. 모든 사람을 사랑하신 예수 그리스도를 본받으려는 것이었습니다. 그 사랑의 실천은 타 종교도 편견 없이 이해하고, 상호 소통하는 가운데 인류의 평화와 번영을 바라는 교황의 의지가 담겨 있는 것이었습니다.

이처럼 늘 예수 그리스도를 닮은 사랑의 모습을 실천하려 노력한 성 바오로 6세는 1978년 8월 6일 교황 별장인 카스텔 간돌포에서 심장마비로 선종하십니다. 그리고 장례 미사는 유언대로 진행되었는데, 성 베드로 광장 바닥에 관이 놓였고, 아무 장식이 없는 나무 관 위에 성경이 올려져 있었습니다. 이렇게 교황은 화려함 대신 겸손한 모습으로 하느님 품으로 돌아가기를 원하셨습니다.

성 바오로 6세는 다양한 삶의 순간 속에서 "동산에서 그분과 함께" 살아가며 예수 그리스도의 사랑을 실천하고, 세상에 복음의 가르침을 전하기를 원했습니다. 또한 겸손하고 인간미 넘치는 모습을 통해 "동산에서 그분과 함께" 살아가는 한 인간의 모습이 어떠한지를 몸소 보여 주셨습니다. 그리고 2014년에 프란치스코 교황에 의해 시복되고, 2018년에 시성되었습니다.

성 바오로 6세는 전임자인 성 요한 23세에 비해 유머나 유쾌함은 적었던 교황이었습니다. 그러나 늘 "동산에서 그분과 함께" 살아가기 위해 많은 고민을 했고, 신중하고 진지하게 교황직을 수행하였습니다. 그리고 이 모든 것을 예수 그리스도의 사랑을 드러내려는 따뜻한 마음과 헌신적 노력으로서 했던 교황이었습니다.

3장

겸손

Humilitas

복자 요한 바오로 1세
1978년 8월 26일부터 1978년 9월 28일까지 재임한 263대 교황

성 바오로 6세에 이어 263대 교황에 선출된 인물은 베네치아 총대주교였던 알비노 루치아니 추기경이었습니다. 루치아니 추기경은 선출 후 '요한'과 '바오로'라는 두 이름을 동시에 선택하여 '요한 바오로'로 정했습니다. 교황명을 이중으로 사용한 최초의 사례였습니다. 이중 이름을 선택한 이유는 자신을 주교로 임명한 성 요한 23세와 자신을 추기경으로 임명한 성 바오로 6세의 길을 이어가겠다는 의지였습니다.

요한 바오로 1세의 사목 표어는 "겸손Humilitas(후밀리타스)"이었습니다. 가난한 농부의 아들로 태어나 어려운 환경에서 태어났고, 검소하고 소박한 생활을 통해 요한 바오로 1세는 이미 "겸손"을 실

천하고 있었습니다. 또한 화려한 의복이나 장식품을 싫어했고, 사람들에게 직위에 상관없이 경의 없이 소통하며 "미소 짓는 주교"로 후밀리타스를 실천하였습니다. 그리고 화려한 성당을 좋아하지 않았고, 교회의 값비싼 물건을 통해 가난한 이들을 돕도록 권장했습니다. 또한 서방의 부유한 교회들이 수입의 1퍼센트를 제3세계의 가난한 교회를 돕는 데 써야 한다고 제안하기도 했습니다.

무엇보다 요한 바오로 1세의 "겸손"은 사람들을 향한 겸손한 인품과 따뜻한 미소를 통해 드러났습니다. 33일간의 짧은 재임 기간에도 불구하고, 사람들은 소탈하고 친근한 교황에게 매료되었습니다. 겸손한 삶과 따뜻한 미소에서 비롯되는 요한 바오로 1세의 말과 행동은 교회의 문턱을 낮추고, 신앙의 본질에 집중하며 "겸손"의 가치가 얼마나 중요한지를 보여 주었습니다.

요한 바오로 1세의 "겸손"은 무엇보다 공식석상에서 교황이 사용한 단어에서 드러납니다. 이전의 모든 교황은 공식석상에서 '우리'라는 단어를 통해 자신을 지칭함으로써 교황의 권위와 교황이 교회를 대표한다는 것을 나타냈습니다. 그러나 요한 바오로 1세는 '나'라고 지칭하며 권위적이고 딱딱한 표현이 아닌 친근한 표현을 사용하여 사람들과의 거리를 좁히려 하였습니다.

그리고 교황은 스스로 삼중관을 내려놓음으로써 "겸손"을 실천하였습니다. 전통적으로 교황은 즉위식은 화려하게 거행되었습니다. 그리고 교황은 세속적, 교회적, 천상적 세 권한을 상징하는 삼중관을 착용하였습니다. 그러나 요한 바오로 1세는 삼중관을 쓰는 대신 팔리움을 받는 것으로 교황직을 시작합니다. 그리고 교황의 전용 가마의 사용도 중단하였습니다. "교황직은 다스리기 위해서가 아니라 섬기기 위해서 있는 것"이라 강조하며 자신이 먼저 권위주의의 형식을 내려놓고 소박하고 인간적인 모습으로 대중에게 다가감으로써 "겸손"한 삶을 실천하였습니다.

길지 않은 재임 기간이었지만 교황은 일반 알현이나 교리를 설명해야 하는 자리에서 쉬운 언어와 여러 가지 비유, 예시를 사용하며 누구나 듣고 이해할 수 있도록 설명했습니다. 신학은 복잡하고 어려운 개념을 설명해야 할 경우가 많기 때문에 때로는 모든이가 그것을 쉽게 이해하고 받아들이기 어려울 때가 있습니다. 그러나 요한 바오로 1세는 어려운 내용도 쉽게 설명함으로써 누구나 받아들일 수 있게 하였고, 이를 통해 교황은 배려와 "겸손"을 실천하였습니다.

이와 같이 "겸손"을 몸소 실천하며 대중에게 많은 사랑을 받았던 '미소의 교황' 요한 바오로 1세는 교황으로 선출된 지 33일만인 1978년 9월 28일 심장 마비로 선종하였습니다. 예상하지 못한 갑작스러운 죽음이었기 때문에 큰 충격을 주었고, 근거 없는 여러 소문과 추측이 난무했습니다. 그리고 많은 이들이 갑작스러운 선종

소식에 안타까워했습니다. 그리고 1978년 10월 4일, 쏟아지는 비에도 불구하고 수많은 사람이 모인 가운데 성 베드로 광장에서 장례식이 거행되었습니다. 이후 2022년 9월 4일에 프란치스코 교황에 의해 복자로 선포되었습니다.

    김수환 추기경은 요한 바오로 1세에 대해 이렇게 표현하였습니다. "바오로 6세가 사람들을 위해 혼자 운 교황이셨다면 요한 바오로 1세는 사람들을 많이 울린 교황이셨다." 비록 짧은 재위 기간이었으나 요한 바오로 1세가 얼마나 사람들에게 친근하게 다가갔고, 그들을 감동시켰는지 짐작할 수 있는 표현입니다. 그리고 오늘날 많은 사람들이 더 높은 자리에 올라가기 위해 권력과 힘을 가지려만 하는 시대에 요한 바오로 1세는 진정한 권위와 힘은 "겸손"을 통해 스스로 낮아질 때 생기는 것임을 보여 주셨습니다. 나아가 교황은 "겸손"을 통해 진정한 자기 인식과 타인에 대한 존중과 사랑을 실천해야 한다는 것을 우리에게 몸소 실천하셨습니다. 짧은 기간 교황직을 수행한 요한 바오로 1세를 많은 사람이 아직도 기억하는 것은 아마도 "겸손"이 부족한 현실에서 "겸손"의 힘을 우리에게 보여 주셨기 때문일 것입니다. 우리 시대에도 더 많은 이들이 "겸손"의 힘을 깨닫고, 권력, 권위만을 추구하는 것이 아니라 더 낮은 모습으로 겸손한 삶을 선택하기를 바라봅니다.

4장

온전히 당신의 것

Totus Tuus

성 요한 바오로 2세
1978년 10월 16일부터 2005년 4월 2일까지 재임한 264대 교황

요한 바오로 1세가 1978년 9월 28일 갑자기 선종한 후, 콘클라베를 통해 성 요한 바오로 2세가 58세의 나이로 교황에 선출되었습니다. 456년 만의 비이탈리아인 교황이자 최초의 공산권 출신 교황이 된 그는 많은 주목을 받았습니다. 선출 직후 그동안의 관습을 깨고 군중들에게 이탈리아말로 간단한 인사를 전한 교황은 전임자의 이름을 본받기 위해 이름을 성 요한 바오로 2세라고 정하였고, 언제나 인자한 미소와 함께 전 세계를 누비며 평화와 사랑을 전달했습니다. 특히 1984년, 1989년 두 차례의 한국 방문으로 우리에게 더 친근한 교황님이기도 합니다.

성 요한 바오로 2세는 자신의 사목 표어로 "온전히 당신의

것 Totus Tuus(토투스 투우스)"을 선택하시고 이를 실천하셨습니다. 이 사목 표어는 성 루도비코 마리아 그리뇽 드 몽포르의 저서 『성모님께 대한 참된 신심』에서 영감을 받은 것으로 그분의 삶을 관통하는 신앙이자 정신이었습니다.

저의 사목 표어 '내 모든 것 당신의 것'은 몽포르의 루도비코 성인의 가르침에서 영감을 받았습니다. (…) 이 말은 성모님을 통하여 예수님께 전적으로 맡긴다는 표현입니다. '저는 오직 당신의 것이오며 제가 가진 모든 것이 당신의 것이옵니다 $^{Tuus\ totus\ ego\ sum\ et\ omnia\ mea\ tua\ sunt}$.'라고 루도비코 성인은 쓰고 번역하기를 '오 가장 사랑하올 예수님 주님의 거룩하신 어머니 마리아를 통하여 저는 온전히 주님의 것이오며 제가 가진 모든 것이 주님의 것이옵니다.'

성 요한 바오로 2세는 자신의 삶을 통해 성모님의 순종, 믿음, 사랑을 본받아 자신을 하느님께 온전히 봉헌하고자 했습니다. 그리고 자신을 봉헌한다는 것은 특별히 성모님의 모성애를 본받아 모든 사람, 특히 가난하고 소외된 이들에게 따뜻한 사랑과 관심을 전하고, 세상의 어려움에 적극적으로 참여하며, 무엇보다 정의와 평화를 위해 노력해야 한다는 것을 깨닫고 실천했습니다.

이러한 실천은 수많은 사목 방문을 통해 드러납니다. 성 요한 바오로 2세는 재위 기간 중 가장 많은 나라를 방문한 교황으로 기록됩니다. 총 104회 해외 사목 방문을 나섰고, 다양한 문화와 사람들을 만나며 사랑과 평화를 전하기 위해 노력했습니다. 그리고 가는 곳마다 현지 언어로 인사하고, 문화를 존중하는 가운데 소통하며 어머니 같은 따스한 마음을 전하려 했습니다. 이는 성모님께 자신을 봉헌하고, 성모님의 모범을 따라 세상에 사랑과 평화를 실천하고자 한 끊임없는 노력과 실천이었습니다.

이와 같이 평화를 호소하며 성모님의 평화를 갈망하는 마음을 전달하고자 하는 교황의 노력은 각종 분쟁지역을 방문하는 데서 두드러졌습니다. 제2차 세계 대전의 비극을 경험했던 성 요한 바오로 2세는 보스니아, 르완다, 중동 등 여러 분쟁 지역을 방문하여 전쟁과 폭력으로 고통받는 사람들을 위로하고, 화해와 용서를 촉구하였고, 평화를 위한 메시지를 전달하였습니다. 그리고 분쟁 당사자들에게 대화와 협력을 통해 갈등을 해결할 것을 요구하며, 무엇보다 정의롭고 지속 가능한 평화를 구축하기 위해 노력해야 한다고 강조했습니다. 이러한 교황의 노력은 성모님의 평화를 갈망하는 마음을 본받아 세상의 평화와 정의를 위해 기도하는 모습이었습니다. 또한 성모님의 평화가 분쟁의 지역만이 아니라 온 세상의 평화와 화해를 가져올 수 있도록 기여한 것이었습니다.

이처럼 성 요한 바오로 2세는 수많은 사목 방문을 통해 평화의 메시지를 전달하였고, 특히 공산주의를 비판하고, 인간의 존엄성과 사회의 정의를 강조하였습니다. 활발한 활동을 펼치던 교황에게 1981년 5월 13일 성 베드로 광장에서 충격적인 일이 벌어집니다. 당일 일반 알현 중 터키 출신의 알리 아그차라는 24세 청년이 쏜 총에 심각한 부상을 입은 것입니다. 총격 후 급히 응급 수술을 받은 교황은 사건이 일어난 지 나흘 후 첫 메시지를 통해 이렇게 말했습니다. "나는 나를 저격한 형제를 위해 기도하며 그를 진심으로 용서했다." 이어서 1983년 12월 27일에는 그가 수감돼 있는 곳을 직접 찾아가 그를 포옹하며 다시 한번 용서하였습니다. 그 덕분에 알리 아그차는 감형이 되고, 가톨릭으로 개종을 하였으며, 교황의 선종 후 무덤에 꽃을 바치기도 하였습니다. 사실 성 요한 바오로 2세가 괴한의 총격을 받은 때는 5월 13일로 포르투갈 파티마 성모 발현일과 같은 날이었습니다. 그래서 교황은 이 사건을 통해 성모님의 특별한 보호를 받고 있다고 믿었으며, 회복 후 성모님의 보호에 대해 감사를 표현하기 위해 파티마 성모 성지에 자신을 쏜 총알 중 하나를 봉헌했습니다. 이처럼 성 요한 바오로 2세는 자신을 성모님께 늘 봉헌하였으며, 성모님께서 자신을 늘 보호하고 계시고, 나아가 성모님께서 원하시는 평화와 용서를 직접 실천하였습니다.

한편 성 요한 바오로 2세는 젊은이들을 각별히 사랑하였습니다. 그들을 위해 1986년 '세계청년대회' World Youth Day·WYD를 창설했는데 바로 이 행사가 다가오는 2027년에 한국에서 개최됩니다. 교황은 청년대회를 통해 전 세계 수백 만 청년을 불러 모았고, 그들이 이를 통해 희망, 사랑 그리고 용기와 평화를 느끼고 이를 세상에 전할 수 있기를 바랬습니다. 나아가 그들이 정의, 평화, 사랑을 실천하며 세상을 변화시키는 주역이 되기를 당부했습니다.

지난 세기에는 여러분과 같은 젊은이들이 미워하는 것을 배우려고 많은 수가 군대로 징집당했고, 서로가 싸우기 위해 파견됐습니다. 그리스도인의 희망을 대체하려는 시도, 곧 세속화된 다양한 메시아 사상은 훗날 진정한 지옥으로 입증됐습니다. 오늘 여러분은 새로운 세기에 여러분 자신을 폭력과 파괴의 도구로 내어주지 않을 것이라고 확언하기 위해 이 자리에 모였습니다. 여러분은 만약 필요하다면 책임도 지면서, 평화를 지킬 것입니다. 여러분은 다른 사람이 굶주림으로 죽어가고, 문맹자로 남아 있고, 일자리가 부족한 세상에서 물러서지 않을 것입니다. 여러분은 이 세상이 세속적인 개발을 이어가는 모든 순간에서 생명을 수호할 것이며, 모든 이를 위해 이 지구를 더 살기 좋게 만들고자 자신의 모든 에너지를 다해 노력할 것입니다.

세계청년대회에 방문한 교황은 젊은이들을 꼭 안아 주며 온화한 미소와 함께 그들에게 용기와 위로를 말을 건넸습니다. 이러한 제스처는 성모님의 모성애를 본받아 어머니의 마음으로 감싸안는 사랑을 보여 줍니다.

　성 요한 바오로 2세는 1990년대 중반부터 파킨슨병으로 건강이 악화되었습니다. 이후 도움 없이는 걸을 수 없을 정도로 병은 심해졌는데, 이로 인해 교황직을 더 이상 수행할 수 없을 것이라는 소문이 퍼지기도 했습니다. 그러나 교황은 불편한 몸을 이끌고 생의 마지막 순간까지 교황직을 수행했습니다. 독일의 어느 신문은 교황이 이처럼 인간의 쇠약함과 병약함을 있는 그대로 드러내는 것이 '인간 존재에게는 젊음과 건강뿐 아니라 병고와 노쇠도 존재한다는 것을 보여 주며, 인간 스스로 병고와 노쇠, 죽음을 어떻게 마주해야 하는지 삶을 통해 가르쳐 준다'고 보도했습니다.

　병으로 아픈 몸으로 끝까지 교황직을 수행한 성 요한 바오로 2세는 2005년 4월 2일, "나는 행복합니다. 여러분도 행복하세요."라는 말과 함께 선종하셨습니다. 성 요한 바오로 2세의 오랜 비서였던 스타니스로 치비슈 대주교님은 한 방송국과 인터뷰에서 성 요한 바오로 2세가 선종 전 '토투스 투우스(온전히 당신의 것)'라고 말씀하셨다고 합니다. 죽음의 두려움과 고통이 아니라 오히려 성모님께 삶의 마지막도 봉헌하시고, 세상의 평화를 위해 기도하시며 하느님께로 나아가는 평온한 순간이었습니다. 스타니스로 치비슈 대주교님은 그 순간을 이렇게 말했습니다.

"그의 생애 마지막 시간은, 아주 평온하고 평화스러웠습니다. 그는 그의 목적지, 주님께 가고 있음을 알고 계셨습니다. (…) 조그만큼도 공포심을 가지지 않으셨으며, 마지막 날 커다란 평화 가운데 계셨습니다."

2005년 4월 8일에 성 베드로 광장에서 거행된 장례 미사에는 수백만 명이 모였고, 미사 중 수많은 신자들은 "즉시 성인으로"라고 외쳤습니다. 2011년 5월 1일 베네딕토 16세에 의해 시복되시고, 2014년 프란치스코 교황에 의해 성인으로 시성되셨습니다.

여전히 많은 이들의 마음속에 남아 있는 성 요한 바오로 2세는 전 생애를 성모님께 봉헌하고, 모든 것을 하느님 뜻에 맡겨드리는 삶을 사셨습니다. 그리고 그 봉헌은 세상을 향한 평화, 사랑 그리고 용서와 희망으로 드러났습니다. 이러한 모범은 오늘날 세상을 살아가는 우리가 더 가치 있는 삶을 살 수 있도록 여전히 인도해주고 있습니다. 이는 성 요한 바오로 2세의 시성 청원자였던 슬라보미르 오데르 신부의 바티칸 뉴스와의 인터뷰에서 통해서도 드러납니다.

요한 바오로 2세 교황님은 우리가 평범한 사람임을 당연히 받아들이지 말고, 우리 자신의 삶을 진정한 걸작으로 만드는 방식으로 충만한 삶을 살도록 가르쳐 주셨습니다.

아직도 세상엔 정의와 평화를 필요하는 곳이 참으로 많습니다. 그리고 정의와 평화가 없는 곳에서 인간의 존엄과 가치가 상실되고 용서가 존재하지 않게 됩니다. 그러나 성 요한 바오로 2세는 자신의 삶을 통해 희망과 용기를 주시고, 우리 모두 용서를 통해 더 가치 있고 아름답게 인간다운 삶을 살아가도록 불을 밝혀 주고 계십니다.

5장

진리의 협력자

Cooperatores Veritatis

베네딕토 16세
2005년 4월 24일부터 2013년 2월 28일까지 재임한 265대 교황

전임 성 요한 바오로 2세가 27년간의 재위 기간을 끝으로 2005년 4월 2일 선종하시고 교황 투표를 위한 추기경단의 콘클라베 회의가 시작되었습니다. 역대 세 번째로 긴 재임 기간이어서인지 성 요한 바오로 2세의 선종은 많은 이들에게 아쉬움과 그리움으로 다가왔습니다. 그 가운데 2005년 4월 19일 새로운 교황으로 독일 출신의 라칭거 추기경이 선출되었습니다. 교황은 베네딕토 16세라는 이름을 선택하였습니다. 그 이유에 대해 2005년 4월 25일 일반 알현 중에 이렇게 설명했습니다.

베네딕토 15세 교황은 제1차 세계 대전이라는 혼란의 시기에

대담한 용기로 전쟁으로 인한 비극을 막고 그로 인한 불행한 결말들을 줄이고자 노력했습니다. 저는 그분을 본받아 사람들 사이의 화해와 조화를 위해 봉사하고자 이 이름을 선택했습니다. 또한 이 이름을 택한 것은 서방 수도원의 아버지이며 유럽의 수호 성인인 누르시아의 베네딕토 성인의 정신을 이어가기 위함이기도 합니다. 성인은 자신의 규칙서에서 수사들에게 '그리스도의 사랑 이외에 어떤 것도 좋아하지 말라'고 권고했습니다. 저는 베네딕토 성인에게 우리가 우리 삶의 중심에 그리스도를 확고히 모시고 살아가도록 도와달라고 청합니다.

사실 베네딕토 16세는 1981년부터 교황청 신앙교리성 장관으로 일하며 정통교리의 수호자, 가장 명석한 신학자로 손꼽혀 왔습니다. 뛰어난 저술과 강연으로 명성을 떨치며 당대 최고의 신학자 중 하나로 평가받고 있었고, '전통의 옹호자'라고 알려져 있었습니다. 그렇기에 베네딕토 16세로 이름을 정한 것 역시 베네딕토 성인을 본받아 전통과 정통에 바탕을 두는 단호함을 드러내는 것이기도 했습니다. 이는 교황의 사목 표어에서도 드러납니다. 베네딕토 16세의 사목 표어는 "진리의 협력자 Cooperatores Veritatis(코오페라토레스 베리타티스)"로 요한 3서 1장 8절의 말씀 "그렇게 하여 우리는 진리의 협력자가 되는 것입니다."에서 영감을 받은 것입니다. 사목 표어를 통해 베네딕토 16세는 자신의 신학적 중심과 사목 방향을 명확하게 보여 줍니다. 여기서 '진리의 협력자'는 단순히 진리를 소유하거나, 주장하는 것이 아니라, 진리를 끊임없이 탐구하고, 이해하며, 실천하고 세상에 드러나는 것을 의미합니다. 동시에 "협력자"라는 말은 교황 스스로가 완전한 진리의 소유자, 절대적인 진리가 아니라, 진리를 향해 함께 나아가는 동반자라는 자세를 드러냅니다. 이는 인간의 유한성과 진리에 대한 완전한 이해의 불가능성을 인정하고, 끊임없는 성찰과 노력을 통해 진정한 진리를 향해 함께 다가가야 함을 의미합니다.

이러한 베네딕토 16세의 "진리의 협력자"로서의 의지는 취임 미사 강론에서도 드러납니다.

> 나의 진정한 통치는 나의 뜻을 이루는 것이 아니며, 나의 생각을 추구하는 것이 아닙니다. (…) 주님의 말씀과 뜻에 귀를 기울이며, 그분의 인도를 받아 인류 역사 안에서 그분 자신이 교회를 이끌어 가도록 하는 것입니다.

이처럼 교황은 권력을 통해 자신의 의지를 채워가거나, 자신의 생각을 마치 온전한 진리로 여기며 고집하는 것이 아니라, 전 세계 교회 지도자로서 진리를 향해 동반자로서 함께 걸어가지 않으면 진리를 발견할 수 없다는 것을 알았습니다. 그러하기에 이를 위해 변치 않은 진리를 찾고, 지키고, 추구하기 위해 함께 걸어가기를 원했던 것이었습니다.

베네딕토 16세의 "진리의 협력자"로서의 모습은 교황으로 즉위하고 1년 후 폴란드 아우슈비츠를 방문한 사실과 독일 레겐스부르크 대학에 펼친 강연에서 잘 드러납니다. 즉위 이후 두 번째 해외 순방에서 선임자 성 요한 바오로 2세의 자취가 서려 있는 폴란드 곳곳을 방문했는데 비극의 장소인 아우슈비츠도 포함되었습니다. 유다인을 박해한 독일 출신의 교황이 이곳에 방문한다고 해서 큰 관심을 끌었고, 이곳에서 교황은 이렇게 연설했습니다.

> 요한 바오로 2세 교황의 후계자로서, 독일의 아들로서 이곳에 오지 않을 수 없었습니다. 나는 와야만 했습니다. (…) 진실과 정의를 위해, 그리고 이곳에서 희생당한 모든 사람을 위해 이곳을 방문하는 것은 나의 의무입니다.

교황은 출신이나 세간의 관심 등에 얽매이지 않고, 오로지 진리와 정의를 추구하기 위해 이곳을 방문하며, "진리의 협력자"로서 잘못된 것을 바로잡고 용서를 청했습니다. 그렇게 진리는 결코 양보될 수 없으며, 계속해서 진정한 진리를 찾고 함께 나아가기 위한 발걸음부터 시작해야 한다는 것을 솔선수범하여 드러냈습니다.

한편 레겐스부르크 대학 강연에서 베네딕토 16세는 서구 문명의 기반이 되는 그리스 철학, 그리스도교 신앙, 그리고 이성의 중요성에 대해 역설했습니다. 신앙과 이성의 조화를 통하여 진리를 탐구하려는 그의 노력을 보여 주는 강연으로, 교황은 학문적 지식과 신앙적 통찰력을 결합하여 마주하고 있는 복잡한 문제들을 해결하고, 진리에 대한 이해를 넓히고자 했습니다. 나아가 이성만을 맹신하는 사회에 경종을 울리고, 신앙과 대화를 통해 진리를 추구해야 한다는 것을 강조하며 "진리의 협력자"의 역할을 수행했습니다.

물론 이 강연에서 무함마드에 관한 일부 고대 문헌을 인용하여 말한 것이 전혀 다른 방식으로 해석되고, 도구화되면서 이슬람 세계의 반발을 사기도 했습니다. 이로 인해 이후 삼종기도를 바치는 자리에서 교황은 논란이 된 발언에 대해 '개방적이고 진솔한 대화를 나누도록 초대하기 위한 것이며, 개인의 생각이 아닌 중세 문헌에서 발췌된 것'이라고 자세하게 설명해야 했습니다. 반대와 오해라는 장애물을 넘어 계속해서 진리에 협력하며, 진정한 진리를 드러내는 것이 진리를 수호하고 추구하는 것임을 보여 주는 모습이었습니다.

앞서 소개한 것처럼 베네딕토 16세는 이미 추기경 시절부터 이 시대의 가장 뛰어난 신학자 중 한 사람으로 유명했습니다. 수많은 저서가 있었고, 교황 즉위 후에도 여러 문헌과 책을 집필하였습니다. 대부분은 위대한 신학자의 한 사람으로서 '상대주의와 도덕적 진리의 부정하는 시대를 마주하며 그 가운데서 진리를 추구하려는 노력'이었습니다. 특히 2010년 출간된 『세상의 빛』은 독일 저널리스트 페터 제발트와의 인터뷰를 옮긴 책으로, 교황은 교회 내 성학대 문제, 피임, 동성애 등 민감한 주제에 대해 피하지 않고 솔직하게 자신의 생각을 밝혔습니다. 이를 통해 자신의 생각과 신앙을 드러내고 세상과 소통하려 노력하였습니다. 민감한 주제도 회피하지 않고 입장을 명확하게 밝힘으로써 진실을 추구하는 모습을 통해 진리를 수호하기 위한 노력을 드러냈습니다.

그리고 2013년 2월 11일, 전 세계 가톨릭 교회의 지도자이자 진리의 협력자였던 베네딕토 16세는 누구도 예상하지 못한 중대 발표를 합니다. 2월 28일을 끝으로 교황직을 사임하겠다는 것이었습니다. 이는 1406년부터 1415년까지 재위한 그레고리오 12세 이후 598년 만에 일어난 일이었습니다. 교황은 사임 경위를 이렇게 말했습니다.

하느님 앞에서 양심을 성찰하면서 급변하는 세상에서, 또한 신앙 생활의 중대한 문제들로 흔들리는 세상에서 베드로 직무를 수행하기 위해 필요한 몸과 마음의 힘이 없다고 확신하고 온전한 자유로 교황직을 사임합니다.

갑작스러운 교황의 사임에 수많은 매체에서 추측성 기사가 쏟아졌습니다. 그러나 베네딕토 16세는 이후 여러 통로를 통해 자신의 사임에 대해 언론에서 보도한 것은 근거가 없으며, 자신의 사임은 온전히 자유에 의한 것이며, 그것은 자신의 성찰 안에서 찾은 하느님의 뜻이라고 말했습니다.

가장 위대한 신학자, 전통주의자, 신앙과 교리의 수호자로 칭송받던 베네딕토 16세는 이렇게 모든 것을 내려놓고, 바티칸 시국 내 작은 수도원에서 지냈습니다. 어쩌면 사임 역시도 "진리의 협력자"로서 진리 안에 머물지 못하게 하는 것을 물리치기 위한 교황의 대답이었을지도 모릅니다. 진리를 위해 협력하기 위해 몸과 마음의 힘도 중요한데 그렇지 못한 자신을 발견했고, 자신을 이어 진리를 위해 협력하는 적임자가 나타나는 것이 필요하다고 느낀 것입니다. 이렇게 베네딕토 16세는 진정한 진리를 위해 결코 타협하거나, 합리화시키지 않고, 진리의 협력자로서 결코 변하지 않은 진리, 변해서는 안 되는 진리를 지켜 냈습니다.

요즘 우리 시대에 세상의 변화에 따라 이것저것이 변해야 한다는 이야기를 많이 합니다. 특히 도덕적 기준이 세상에 따라, 자신의 입맛에 따라 달라지기도 하는 모습도 보입니다. 그러나 우리 역시 교황처럼 결코 변하지 말아야 하는 진리, 우리가 더 나은 세상을 살아가기 위해 결코 포기할 수 없는 진리가 무엇인지 알고 있습니다. 우리도 베네딕토 16세처럼 "진리의 협력자"가 되어 정신적으로 문화적으로 위기를 겪고 있는 이 세상에 변하지 않는 진정한 진리를 추구하는 협력자가 되어야 하겠습니다.

6장
자비로이 부르시니

Miserando atque Eligendo

프란치스코

2013년 3월 13일부터 2025년 4월 21일까지 재임한 266대 교황

2013년 3월 13일에 266대 교황으로 선출된 인물은 아르헨티나 출신 호르헤 마리오 베르골료 추기경이었습니다. 그는 선출 직후, "가난한 사람들을 잊지 말아 주세요."라는 브라질의 클라우디오 우메스 추기경의 말을 들었습니다. 그 즉시 청빈한 삶을 살아간 아시시의 프란치스코 성인을 떠올렸고, 그 이름을 선택하였습니다.

프란치스코 교황의 사목 표어는 "자비로이 부르시니Miserando atque Eligendo(미세란도 앗퀘 엘리겐도)"인데, 이는 교황의 삶과 깊이 연결되어 있습니다. 젊은 시절 성직자의 길을 선택하는 것을 망설였던 프란치스코 교황은 마태오 성인 축일에 부르심을 느끼고 예수회에 입회했다고 합니다. 그리고 그의 입회에 큰 영향을 준 것이

베다 베네라빌리스 성인의 마태오 복음 9장 9절-13절에 대한 강론(Om. 21; CCL 122, 149-151), 즉 예수님께서 세리 마태오를 부르시는 장면에 대한 강론이었습니다. 이 강론에서 베다 성인은 이렇게 말합니다. "비딧 에르고 레수스 푸블리카눔 엣 퀴아 미세란도 앗퀘 엘리겐도 비딧, 아잇 일리 세퀘레 메 Vidit ergo Iesus publicanum et quia miserando atque eligendo vidit, ait illi Sequere me." 번역하면 "예수께서 세리 한 사람을 자비 가득한 사랑의 눈길로 바라보시며 '나를 따르라' 하고 말씀하셨다"입니다. 그리고 이 강론에 영감을 받아 자신이 살아가야 할 삶의 말씀으로 "자비로이 부르시니"를 선택하십니다. 예수님께서 마태오의 죄를 덮어 두거나 외면하지 않으시고 그의 연약함마저 불쌍히 여기시고 제자로 삼으셨듯이, 프란치스코 교황 역시 자신이 만나고 돌보는 모든 이를 자비의 시선으로 바라보고 가엾이 여기며, 연약함을 어루만지기 위한 삶을 살기로 선택하신 것입니다.

이러한 프란치스코 교황의 마음은 교황으로 선출된 첫날부터 드러납니다. 교황은 선출 직후 첫 강복을 위해 성 베드로 성당 발코니에 나왔을 때 먼저 군중을 향해 머리를 숙이고 자신을 위해 기도해 달라고 청하였습니다. 세리였던 마태오가 자신을 가엾이 여기는 사랑의 눈길, 자비를 통해 자신의 삶을 변화시키고 새로운 삶을 살아갔듯이, 프란치스코 교황은 광장에 모인 수많은 군중에게

'자신을 마태오와 같은 시선을 바라보고, 이를 통해 새로운 삶인 교황직을 수행하고, 그의 직무 안에서 자비의 시선을 결코 잊지 않기를 바란 것'이었습니다.

그리고 자비로 바라봐 줄 것을 청하는 것을 넘어 자비의 삶을 통해 자신의 사목 표어를 분명히 실천합니다. 교회가 전통적으로 세족례(발을 씻겨 주는 예식)를 거행하는 성 목요일에 프란치스코 교황은 매년 교도소를 방문해 죄수들의 발을 씻겨 주고 입을 맞추고 위로하고 있습니다. 죄인으로 낙인찍힌 이들에게 먼저 다가가 그들을 자비의 시선으로 바라보고, 그들의 존엄성을 회복시키며, 나아가 자비를 통해 새 삶으로 나아갈 수 있도록 위로를 전해 주었습니다.

프란치스코 교황은 2019년 4월 11일에 자비로이 바라보고, 자비를 구체적으로 실천하는 한 가지 놀라운 행보를 보여 줍니다. 오랜 내전을 겪었던 남수단 정부 지도자들이 남수단 평화를 위한 이틀 간의 피정을 마친 후 프란치스코 교황을 만났을 때였습니다. 교황은 남수단 지도자들에게 "평화롭게 지내길 호소"한 후, 거동이 불편함에도 불구하고 몸을 굽혀 그들의 발에 입맞춤을 하였습니다. 거친 숨소리를 내면서도 몸을 연신 굽혀 발에 입을 맞추며 평화를 호소한 프란치스코 교황의 행동에 남수단 지도자들이 당혹스러워 어쩔 줄 몰라 하는 표정이 당시 TV 생중계로 방송되었습니다. 교황은 이러한 행동을 통해 평화가 없는 곳을 따뜻한 손길로 어루만지며 그들의 어려움과 고통을 모른 척하지 않고 사랑과 연민의 시선으로 바라보고 있다는 것을 드러냈습니다.

한편 프란치스코 교황은 우리나라 국민들에게도 특별한 기억을 주었습니다. 2014년 8월 14일부터 18일까지 한국을 방문했기 때문입니다. 비록 짧은 일정이었지만 자신의 사목 표어처럼 "자비"로운 모습을 국민들에게 구체적으로 보여주었고, 이는 한국 사회에도 긍정적인 영향을 끼쳤습니다. 교황은 방문 중에 세월호 희생자 가족을 마주할 때마다 차를 세우고, 그들에게 사랑 가득한 시선을 두며 진심 가득한 위로를 주었습니다. 특히 서울공항 도착 직후 세월호 희생자 가족을 처음 만난 자리에서 교황은 '마음속에 깊이 간직하고 있다. 가슴이 아프다. 희생자들을 기억하고 있다'는 위로를 건넸습니다. 그리고 선물로 받은 노란 리본 배지를 미사 중에 착용하며, 정말로 그들과 함께 공감하고, 그들의 아픔에 함께한다는 것을 드러냈고, 돌아가는 비행기 안에서 기자 회견을 통해 '세월호 유족의 고통 앞에서 중립을 지킬 수 없었다. 인간적 고통 앞에서 중립을 지킬 수는 없다'고 답하며 이를 단순히 정치적인 시선으로 바라보는 것이 아니라 하느님께서 우리를 바라보는 자비의 시선으로 바라봐야 한다는 것을 강조했습니다. 또한 교황은 한국 방문 일정의 마지막 일정이었던 서울 명동성당에서의 '화해와 평화를 위한 미사'에 일본군 위안부 피해자 할머니, 쌍용차 해고노동자, 제주 강정마을과 경남 밀양 주민, 용산참사 피해자를 초청하였고, 손을 잡아 주며 자비롭게 바라보고 이들의 아픔에 동참하였습니다.

이처럼 자신의 사목 표어인 "자비로이 부르시니"를 구체적으로 실천한 프란치스코 교황은 자비에 대해 더 깊이 묵상하고 성찰하도록 2015년 12월 8일부터 2016년 11월 20일을 자비의 특별 희년으로 선포했습니다. 그러면서 가톨릭 교회가 우리 시대에 특별한 기여를 하도록 요청받고 있으며, 이를 위해서는 하느님의 자비를 성찰해 배타적이고 이기적인 사랑을 극복하는 것이 가장 중요하다고 밝혔습니다. 그리고 자비의 희년을 통해 "자비로운 하느님 아버지와 자비를 필요로 하는 형제들에게 눈을 돌리자"고 강조했습니다. 동시에 2015년 교황은 자비의 특별 희년 칙서인 「자비의 얼굴」을 선포합니다. 이 칙서에서 교황은 자비에 대해 "너희 아버지께서 자비하신 것처럼 너희도 자비로운 사람이 되어라(루카 6,33)"(「자비의 얼굴」, 13항)를 상기시키며, 우리가 자비의 도구가 되어 하느님으로부터 받은 자비를 실천하기를 촉구하였습니다.

자비는 하느님께서 우리를 만나러 오시는 궁극적인 최고의 행위입니다. 자비는 인생길에서 만나는 형제자매를 진실한

눈으로 바라보는 모든 사람의 마음속에 자리 잡는 근본 법칙입니다. 자비는 하느님과 사람을 이어 주는 길이 되어 우리가 죄인임에도 영원히 사랑받으리라는 희망을 품게 해 줍니다. 프란치스코, 「자비의 얼굴」, 2항

나아가 자비로이 바라보시고, 자비로이 부르시는 하느님의 자비를 모두 함께 실천함으로써 세상의 그늘진 곳을 밝히고, 고통과 어려움이 있는 곳에 위로와 평화를 전해 주는 새로운 삶으로 변화하도록 초대합니다.

오늘날 이 세상에는 비참하고 고통스러운 상황들이 너무 많이 벌어지고 있습니다! 자신들의 외침이 부유한 이들의 무관심에 파묻혀 들리지 않게 되어 더 이상 목소리를 내지 못하는 이들은 너무도 많은 상처를 입고 있습니다! 이 희년에 교회는 이러한 상처들을 돌보아 주라는 부르심, 그들의 상처에 위로의 기름을 부어 아픔을 덜어 주고 자비로 감싸 주며 연대와 세심한 배려로 치유하여 주라는 부르심을 더욱 강하게 받게 될 것입니다. 프란치스코, 「자비의 얼굴」, 15항

프란치스코 교황은 "자비로이 부르시니"라는 사목 표어를 삶과 행동으로 실천하며 세상에 하느님의 자비를 전파하셨습니다. 이렇게 삶으로 자신의 사목 표어를 실천하신 모습은 특히 서로를 이해하지 못하며 분열과 갈등이 만연한, 다른 이들에게 공감하지 못하며 이기적으로 변하는 세상에서 우리가 어떤 시선으로 살아가고, 무엇을 실천해야 하는지 알려 주었습니다. 교황님이 몸소 실천으로 보여 주신 것처럼 우리도 좀 더 자비로운 시선으로 상대에게 공감하며 함께 울고, 함께 웃는 세상을 만들기 위해 노력하면 어떨까요?

역대 교황 목록

재임 기간은 교황청 공식 웹사이트 자료 기준
https://www.vatican.va/content/vatican/en/holy-father.html

번호	교황	즉위 연도	퇴임 연도
1	성 베드로		~64/67
2	성 리노	68	79
3	성 아나클레토 또는 클레토	80	92
4	성 클레멘스	92	99
5	성 에바리스토	99/96	108
6	성 알렉산데르 1세	108/109~	116/119
7	성 식스토 1세	117/119	126/128
8	성 텔레스포로	127/128	137/138
9	성 히지노	138	142/149
10	성 비오 1세	142/146	157/161
11	성 아니체토	150/157	153/168
12	성 소테로	162/168	170/177
13	성 엘레우테리오	171/177	185/193
14	성 빅토리오 1세	186/189	197/201
15	성 제피리노	198	217/218
16	성 갈리스토 1세	218	222
17	성 우르바노 1세	222	230
18	성 폰시아노	230	235
19	성 안테로	235	236
20	성 파비아노	236	250
21	성 고르넬리오	251	253
22	성 루치오 1세	253	254
23	성 스테파노 1세	254	257
24	성 식스토 2세	257	258
25	성 디오니시오	259	268

번호	교황	즉위 연도	퇴임 연도
26	성 펠릭스 1세	269	274
27	성 에우티키아노	275	283
28	성 카이오	283	296
29	성 마르첼리노	296	304
30	성 마르첼로 1세	306	309
31	성 에우세비오	309	309
32	성 밀티아데스 또는 멜키아데스	311	314
33	성 실베스테르 1세	314	335
34	성 마르코	336	336
35	성 율리오 1세	337	352
36	리베리오	352	366
37	성 다마소 1세	366	384
38	성 시리치오	384	399
39	성 아나스타시오 1세	399	401
40	성 인노첸시오 1세	401	417
41	성 조시모	417	418
42	성 보니파시오 1세	418	422
43	성 첼레스티노 1세	422	432
44	성 식스토 3세	432	440
45	성 레오 1세	440	461
46	성 힐라리오	461	468
47	성 심플리치오	468	483
48	성 펠릭스 3세	483	492
49	성 젤라시오 1세	492	496
50	아나스타시오 2세	496	498
51	성 심마코	498	514
52	성 호르미스다스	514	523
53	성 요한 1세	523	526
54	성 펠릭스 4세	526	530
55	보니파시오 2세	530	532
56	요한 2세	532, 533	535
57	성 아가피토 1세	535	536
58	성 실베리오	536	537
59	비질리오	537	555
60	펠라지오 1세	556	561

번호	교황	즉위 연도	퇴임 연도
61	요한 3세	561	574
62	베네딕토 1세	575	579
63	펠라지오 2세	579	590
64	성 그레고리오 1세	590	604
65	사비니아노	604	606
66	보니파시오 3세	607	607
67	성 보니파시오 4세	608	615
68	성 데우스데디트 또는 아데오다토 1세	615	618
69	보니파시오 5세	619	625
70	호노리오 1세	625	638
71	세베리노	638, 640	640
72	요한 4세	640	642
73	테오도로 1세	642	649
74	성 마르티노 1세	649	655
75	성 에우제니오 1세	654	657
76	성 비탈리아노	657	672
77	아데오다토 2세	672	676
78	도노	676	678
79	성 아가토	678	681
80	성 레오 2세	681, 682	683
81	성 베네딕토 2세	684	685
82	요한 5세	685	686
83	코논	686	687
84	성 세르지오 1세	687	701
85	요한 6세	701	705
86	요한 7세	705	707
87	시신니오	708	708
88	콘스탄티노	708	715
89	성 그레고리오 2세	715	731
90	성 그레고리오 3세	731	741
91	성 자카리아	741	752
92	스테파노 2세	752	757
93	성 바오로 1세	757	767
94	스테파노 3세	768	772
95	하드리아노 1세	772	795

역대 교황 목록

번호	교황	즉위 연도	퇴임 연도
96	성 레오 3세	795	816
97	스테파노 4세	816	817
98	성 파스칼 1세	817	824
99	에우제니오 2세	824	827
100	발렌티노	827	827
101	그레고리오 4세	827, 828	844
102	세르지오 2세	844	847
103	성 레오 4세	847	855
104	베네딕토 3세	855	858
105	성 니콜라오 1세	858	867
106	하드리아노 2세	867	872
107	요한 8세	872	882
108	마리노 1세	882	884
109	성 하드리아노 3세	884	885
110	스테파노 5세	885	891
111	포르모소	891	896
112	보니파시오 6세	896	896
113	스테파노 6세	896	897
114	로마노	897	897
115	테오도로 2세	897	897/898
116	요한 9세	897/898	900
117	베네딕토 4세	900	903
118	레오 5세	903	903
119	세르지오 3세	904	911
120	아나스타시오 3세	911	913
121	란도	913	914
122	요한 10세	914	928
123	레오 6세	928	928/929
124	스테파노 7세(8세)	929	931
125	요한 11세	931	936
126	레오 7세	936	939
127	스테파노 8세(9세)	939	942
128	마리노 2세	942	946
129	아가피토 2세	946	955
130	요한 12세	955	964

번호	교황	즉위 연도	퇴임 연도
131	레오 8세	963	965
132	베네딕토 5세	964	964/965
133	요한 13세	965	972
134	베네딕토 6세	972/973	974
135	베네딕토 7세	974	983
136	요한 14세	983	984
137	요한 15세	985	996
138	그레고리오 5세	996	999
139	실베스테르 2세	999	1003
140	요한 17세	1003	1003
141	요한 18세	1003	1009
142	세르지오 4세	1009	1012
143	베네딕토 8세	1012	1024
144	요한 19세	1024	1032
145	베네딕토 9세	1032	1044
146	실베스테르 3세	1045	1045
147	베네딕토 9세	1045	1045
148	그레고리오 6세	1045	1046
149	클레멘스 2세	1046	1047
150	베네딕토 9세	1047	1048
151	다마소 2세	1048	1048
152	성 레오 9세	1049	1054
153	빅토리오 2세	1055	1057
154	스테파노 9세(10세)	1057	1058
155	니콜라오 2세	1058, 1059	1061
156	알렉산데르 2세	1061	1073
157	성 그레고리오 7세	1073	1085
158	복자 빅토리오 3세	1086, 1087	1087
159	복자 우르바노 2세	1088	1099
160	파스칼 2세	1099	1118
161	젤라시오 2세	1118	1119
162	갈리스토 2세	1119	1124
163	호노리오 2세	1124	1130
164	인노첸시오 2세	1130	1143
165	첼레스티노 2세	1143	1144

역대 교황 목록

번호	교황	즉위 연도	퇴임 연도
166	루치오 2세	1144	1145
167	복자 에우제니오 3세	1145	1153
168	아나스타시오 4세	1153	1154
169	하드리아노 4세	1154	1159
170	알렉산데르 3세	1159	1181
171	루치오 3세	1181	1185
172	우르바노 3세	1185	1187
173	그레고리오 8세	1187	1187
174	클레멘스 3세	1187	1191
175	첼레스티노 3세	1191	1198
176	인노첸시오 3세	1198	1216
177	호노리오 3세	1216	1227
178	그레고리오 9세	1227	1241
179	첼레스티노 4세	1241	1241
180	인노첸시오 4세	1243	1254
181	알렉산데르 4세	1254	1261
182	우르바노 4세	1261	1264
183	클레멘스 4세	1265	1268
184	복자 그레고리오 10세	1271, 1272	1276
185	복자 인노첸시오 5세	1276	1276
186	하드리아노 5세	1276	1276
187	요한 21세	1276	1277
188	니콜라오 3세	1277	1280
189	마르티노 4세	1281	1285
190	호노리오 4세	1285	1287
191	니콜라오 4세	1288	1292
192	성 첼레스티노 5세	1294	1294
193	보니파시오 8세	1294/1295	1303
194	복자 베네딕토 11세	1303	1304
195	클레멘스 5세	1305	1314
196	요한 22세	1316	1334
197	베네딕토 12세	1334, 1335	1342
198	클레멘스 6세	1342	1352
199	인노첸시오 6세	1352	1362
200	복자 우르바노 5세	1362	1370

번호	교황	즉위연도	퇴임연도
201	그레고리오 11세	1370, 1371	1378
202	우르바노 6세	1378	1389
203	보니파시오 9세	1389	1404
204	인노첸시오 7세	1404	1406
205	그레고리오 12세	1406	1415
206	마르티노 5세	1417	1431
207	에우제니오 4세	1431	1447
208	니콜라오 5세	1447	1455
209	갈리스토 3세	1455	1458
210	비오 2세	1458	1464
211	바오로 2세	1464	1471
212	식스토 4세	1471	1484
213	인노첸시오 8세	1484	1492
214	알렉산데르 6세	1492	1503
215	비오 3세	1503	1503
216	율리오 2세	1503	1513
217	레오 10세	1513	1521
218	하드리아노 6세	1522	1523
219	클레멘스 7세	1523	1534
220	바오로 3세	1534	1549
221	율리오 3세	1550	1555
222	마르첼로 2세	1555	1555
223	바오로 4세	1555	1559
224	비오 4세	1559, 1560	1565
225	성 비오 5세	1566	1572
226	그레고리오 13세	1572	1585
227	식스토 5세	1585	1590
228	우르바노 7세	1590	1591
229	그레고리오 14세	1591	1591
230	인노첸시오 9세	1592	1605
231	클레멘스 8세	1605	1605
232	레오 11세	1605	1621
233	바오로 5세	1605	1621
234	그레고리오 15세	1621	1623
235	우르바노 8세	1623	1644

역대 교황 목록

번호	교황	즉위 연도	퇴임 연도
236	인노첸시오 10세	1644	1655
237	알렉산데르 7세	1655	1667
238	클레멘스 9세	1667	1669
239	클레멘스 10세	1670	1676
240	복자 인노첸시오 11세	1676	1689
241	알렉산데르 8세	1689	1691
242	인노첸시오 12세	1691	1700
243	클레멘스 11세	1700	1721
244	인노첸시오 13세	1721	1724
245	베네딕토 13세	1724	1730
246	클레멘스 12세	1730	1740
247	베네딕토 14세	1740	1758
248	클레멘스 13세	1758	1769
249	클레멘스 14세	1769	1774
250	비오 6세	1775	1799
251	비오 7세	1800	1823
252	레오 12세	1823	1829
253	비오 8세	1829	1830
254	그레고리오 16세	1831	1846
255	복자 비오 9세	1846	1878
256	레오 13세	1878	1903
257	성 비오 10세	1903	1914
258	베네딕토 15세	1914	1922
259	비오 11세	1922	1939
260	비오 12세	1939	1958
261	성 요한 23세	1958	1963
262	성 바오로 6세	1963	1978
263	복자 요한 바오로 1세	1978	1978
264	성 요한 바오로 2세	1978	2005
265	베네딕토 16세	2005	2013
266	프란치스코	2013	2025
267	레오 14세	2025	

필사 부록 1

프란치스코 교황님의 말씀 따라 쓰기

경제

프란치스코, 「찬미받으소서」, 129항

실제로 모든 이가 경제적 자유의 참다운 혜택을 누리게 하려면, 경우에 따라서는 더 많은 자원과 경제력을 가진 이들에게 제한이 가해져야 합니다. 현실은 많은 사람들이 실제로 경제적 자유를 얻지 못하게 가로막고 있으며 고용 기회가 계속 축소되고 있는데, 단지 경제적 자유만을 요구하는 것은 정치에 명예롭지 못한 모순된 주장입니다. 기업 활동은 부를 창출하고 모든 이를 위하여 더 좋은 세상을 만들어 나가야 할 고귀한 소명입니다. 기업이 일자리 창출을 공동선에 이바지하는 필수 요소로 여긴다면 그 활동 지역의 풍요로운 번영의 원천이 될 수 있습니다.

노동

프란치스코, 「찬미받으소서」, 125항

우리가 인간과 그 주변 세계의 올바른 관계를
성찰하려면 노동의 개념을 바르게 이해할 필요가
있습니다. 우리가 인간과 사물의 관계를 말할 때,
현실에 대한 인간 활동의 의미와 목적을 묻게 되기
때문입니다. 이는 육체노동이나 농업뿐 아니라
사회 연구 개발부터 기술 개발 계획에 이르기까지
모든 기존 현실의 변화를 포함하는 활동을 말하는
것입니다. 온갖 형태의 노동은 우리가 다른 존재와
맺을 수 있고 또 맺어야 하는 관계의 개념을
전제로 합니다.

봉사

프란치스코, 「모든 형제들」, 115항

봉사는 다른 이들을 돌보고자 하는 노력 안에서
다양한 형태로 이루어질 수 있습니다. 대부분 봉사는
"힘없는 이들, 우리 가정과 사회와 민족 가운데
힘없는 구성원들에 대한 돌봄"을 의미합니다.
이와 같은 봉사를 통하여 개개인은 "가장 힘없는
이들의 구체적인 눈길 앞에서, 자신의 바람과 열망과
권력 추구를 내려놓는 법을" 배웁니다. "봉사는
언제나 이러한 가장 힘없는 이들의 얼굴을 바라보고
그들과 직접 접촉하며, 그들의 친밀함을 느끼고
때로는 이 친밀함으로 '고통을 겪기도' 하며, 그들을
도우려고 노력하는 것입니다. 봉사는 결코 이념적인
것이 아닙니다. 우리는 관념에 봉사하는 것이 아니라,
사람에게 봉사하기 때문입니다."

프란치스코 교황님의 말씀 따라 쓰기

사람

프란치스코, 「모든 형제들」, 87항

인간 존재는 자기 자신을 아낌없이 내어 주지
않으면 살아가고 발전하며 충만에 이를 수 없도록
만들어졌습니다. 마찬가지로 다른 이들과의 만남이
없다면 자신의 존재를 온전히 인식하지 못합니다.
"다른 이들과 소통할 수 없다면 나 자신과도
효과적으로 소통하지 못합니다. 다른 이들과 관계가
없다면, 사랑할 구체적인 얼굴들이 없다면 아무도
삶의 참다운 아름다움을 경험할 수 없습니다.
이것이 참다운 인간 존재의 신비입니다.

사랑

프란치스코, 「모든 형제들」, 93항

다른 이들에게 보내는 사랑의 관심은 보답을 바라지
않고 그의 선익을 추구하는 방향으로 이끕니다.
이 모든 것은 존중과 인정에서 시작합니다.
이러한 존중과 인정은 결정적으로 사랑이라는
말 뒤에 있는 것입니다. 사랑받는 존재는 나에게 귀한
사람입니다. 다시 말하면 나는 그 사람이 커다란
가치를 지닌다고 여기는 것입니다. 한 사람을 상대방
마음에 드는 grata 사람이 되게 해 주는 바로 그 사랑
때문에 상대방은 그에게 거저 gratis 베풀게 됩니다.

프란치스코 교황님의 말씀 따라 쓰기

용기

✶

프란치스코, 「찬미받으소서」, 160항

우리 후손들, 지금 자라나는 어린이들에게 어떤 세상을 물려주고 싶습니까? (…) 우리가 용기를 내어 이러한 질문을 하면, 반드시 또 다른 매우 직접적 질문을 제기하게 될 것입니다. 우리는 어떠한 목적을 가지고 세상을 살아가는가? 우리가 세상에 온 목적이 무엇인가? 우리는 무엇을 위하여 일하고 노력하고 있는가? 지구는 왜 우리를 필요로 하는가? 그러므로 그저 우리가 미래 세대만을 걱정한다고 말하는 것으로는 충분하지 않습니다. 우리 자신의 존엄이 위기에 빠져 있음을 인식해야 합니다. 미래 세대가 살 만한 지구를 물려주는 것은 그 무엇보다도 우리 손에 달려 있습니다.

프란치스코 교황님의 말씀 따라 쓰기

용서

프란치스코, 「모든 형제들」, 246항

잔인한 방법으로 많은 고통을 겪은 사람들에게
일종의 '사회적 용서'를 요구해서는 안 됩니다.
화해는 개인적인 문제입니다. 그리고 화해를 증진할
임무가 사회에 있다 하여도, 아무도 사회 전체에
화해를 강요할 수는 없습니다. 자신이 입은 피해를
넘어설 줄 아는 일부 사람들이 지닌 용서의 능력을
보면 감동적입니다. 그러나 그렇게 할 수 없는
사람들을 이해하는 것도 인간적입니다. 어떤 경우든
절대로 해서는 안 되는 말이 잊어 버리라는 말입니다.

정의

프란치스코, 「모든 형제들」, 171항

정의의 고전적 정의를 인용하자면, 각자의 것을 각자에게 준다는 것은 어떠한 개인이나 단체도 스스로를 절대적인 존재로 여기어 다른 개인이나 다른 사회 단체들의 품위와 권리를 무시할 자격이 없다는 것을 의미합니다.

프란치스코 교황님의 말씀 따라 쓰기

정치

프란치스코, 「모든 형제들」, 178항

"정치의 위대함은 어려운 시기에 중요한 기본 원칙에
따라 국정을 운영하며 장기적 공동선을 배려하는
것에서 드러납니다. 국가적인 계획에서" 그리고
현재와 미래의 인류 가족을 위한 공동 계획에서도
"정치 권력이 이러한 의무를 다하는 것은 무척
어려운 일입니다." 우리 다음에 올 사람들을
생각하는 것은 선거를 위한 것이 아니라,
참된 정의가 요구하는 것입니다.

프란치스코 교황님의 말씀 따라 쓰기

평화

프란치스코, 「모든 형제들」, 226항

사실 "평화의 여정은 지속적인 투신을 요구합니다.
평화의 여정은 진리와 정의를 추구하고, 희생자들을
기억하며, 복수심보다 더 강한 공동의 희망으로
한 걸음씩 나아가는 길을 여는 인고의 노력입니다."

프란치스코 교황님의 말씀 따라 쓰기

환경

프란치스코, 「사랑하는 아마존」, 42항

사람을 돌보는 일과 생태계를 돌보는 일은 분리될 수 없습니다. 이러한 사실은 "숲이 착취되어야 할 자원이 아니라 우리가 관계를 맺어야 하는 존재 또는 다양한 존재들"로 여겨지는 곳에서 특히 중요합니다. (…) 자연을 남용하는 것은 우리 조상과 형제자매와 피조물과 창조주를 모독하는 것이며 미래를 저당 잡히는 것입니다.

희망

프란치스코, 「희망은 우리를 부끄럽게 하지 않습니다」, 1항

사람은 누구나 희망을 품고 있습니다. 내일 무슨 일이 닥칠지 알 수 없지만, 희망은 좋은 일이 생기리라는 기대와 바람으로 저마다의 마음속에 자리합니다. 그러나 미래에 대한 불확실성은 때때로 상반되는 감정을 불러일으킵니다. 확고한 신뢰에서 우려로, 평온에서 불안으로, 확신에서 주저와 의심으로 변합니다. 아무것도 행복을 가져다줄 수 없다는 듯 낙심하여 미래를 비관적이고 냉소적으로 바라보는 사람들을 우리는 빈번히 마주칩니다. 이 희년이 우리 모두에게 희망을 되살릴 수 있는 기회가 되기를 바랍니다.

프란치스코 교황님의 말씀 따라 쓰기

필사 부록 2

교황님의 말씀 따라 쓰기

경제

성 요한 23세, 「어머니요 스승」, 39항

모든 형태의 경제 활동은 반드시 사회생활의
주요 법칙인 정의와 사랑이 지배하여야 한다.
모든 형태의 경제 활동은 반드시 사회생활의
주요 법칙인 정의와 사랑이 지배하여야 한다.

노동

프란치스코, 「찬미받으소서」, 127항

노동은 개인의 다양한 성장을 위한 자리가 되어야 합니다.

노동은 개인의 다양한 성장을 위한 자리가 되어야 합니다.

봉사

성 요한 바오로 2세, 「생명의 복음」, 79항

우리가 생명에 대해 봉사하는 것은 자랑이
아니라 오히려 의무입니다.
우리가 생명에 대해 봉사하는 것은 자랑이
아니라 오히려 의무입니다.

사람

성 요한 23세, 「지상의 평화」, 31항

**인간들은 날 때부터 사회적 존재이다.
그러기에 공동으로 살아야 하며, 상호 선익을
도모해야 한다.**

인간들은 날 때부터 사회적 존재이다.
그러기에 공동으로 살아야 하며, 상호 선익을
도모해야 한다.

사랑

베네딕토 16세, 「하느님은 사랑이십니다」, 6항

사랑은 시간을 비롯한 실존 전체를
끌어안습니다.

사랑은 시간을 비롯한 실존 전체를
끌어안습니다.

교황님의 말씀 따라 쓰기

용기

성 요한 바오로 2세, 「생명의 복음」, 98항

올바른 가치 기준이란 소유에 대한 존재의 우월성, 사물에 대한 인간의 우월성입니다.

올바른 가치 기준이란 소유에 대한 존재의 우월성, 사물에 대한 인간의 우월성입니다.

용서

성 요한 바오로 2세, 「자비로우신 하느님」, 14항

용서는 세상에 죄보다 강한 사랑이 현존한다는 증명입니다.

용서는 세상에 죄보다 강한 사랑이 현존한다는 증명입니다.

정의

성 요한 바오로 2세, 「백 주년」, 34항

인간의 기본 욕구가 충족되지 않은 채 남아 있지 않고 그 결핍으로 고통당하는 사람들이 멸하지 않도록 하는 것은, 사랑과 정의의 엄격한 의무이다.

인간의 기본 욕구가 충족되지 않은 채 남아 있지 않고 그 결핍으로 고통당하는 사람들이 멸하지 않도록 하는 것은, 사랑과 정의의 엄격한 의무이다.

정치

성 바오로 6세, 「팔십 주년」, 46항

정치 권력은 그 과업 수행에 있어서 특수층의 이익 추구에서 손을 떼야 하고 그 대신 국경을 넘어서까지 모든 사람의 이익을 추구해야 한다.

정치 권력은 그 과업 수행에 있어서 특수층의 이익 추구에서 손을 떼야 하고 그 대신 국경을 넘어서까지 모든 사람의 이익을 추구해야 한다.

평화

성 바오로 6세, 제7차 세계 평화의 날 담화

평화는 용기입니다. 평화는 지혜입니다.
평화는 의무입니다. 결국에는 모든 관심과
행복 위에 있는 것입니다.

평화는 용기입니다. 평화는 지혜입니다.
평화는 의무입니다. 결국에는 모든 관심과
행복 위에 있는 것입니다.

환경

베네딕토 16세, 제43차 세계 평화의 날 담화, 7항

창조 재화는 인류 전체에 속한 것입니다.

창조 재화는 인류 전체에 속한 것입니다.

희망

성 요한 바오로 2세, 「새 천년기」, 58항

희망을 가진 이는 다른 삶을 살게 됩니다.

희망하는 이는 새 생명의 선물을 받습니다.

희망을 가진 이는 다른 삶을 살게 됩니다.

희망하는 이는 새 생명의 선물을 받습니다.

참고 문헌

베네딕토 16세, 사임 선언문, 2013년
베네딕토 16세, 제43차 세계 평화의 날 담화, 2020년
베네딕토 16세, 회칙, 「진리 안의 사랑(Caritas in Veritate)」, 2009년
베네딕토 16세, 회칙, 「하느님은 사랑이십니다(Deus Caritas Est)」, 2005년
베네딕토 16세, 회칙, 「희망으로 구원된 우리(SPE SALVI facti sumus)」, 2007년
성 바오로 6세, 제3차 세계 평화의 날 담화, 1970년
성 바오로 6세, 제4차 세계 평화의 날 담화, 1971년
성 바오로 6세, 제6차 세계 평화의 날 담화, 1973년
성 바오로 6세, 제7차 세계 평화의 날 담화, 1974년
성 바오로 6세, 제10차 세계 평화의 날 담화, 1977년
성 바오로 6세, 회칙, 「민족들의 발전(Populorum Progressio)」, 1967년
성 바오로 6세, 회칙, 「주님의 교회(Ecclesiam Suam)」, 1964년
성 바오로 6세, 회칙, 「팔십 주년(Octogesimo Anno)」, 1971년
성 요한 23세, 회칙, 「어머니요 스승(Mater et Magistra)」, 1961년
성 요한 23세, 회칙, 「지상의 평화(Pacem in Terris)」, 1963년
성 요한 바오로 2세, 「아시아 교회(Ecclesia in Asia)」, 1999년
성 요한 바오로 2세, 교황 권고, 「가정 공동체(Familiaris Consortio)」, 1981년
성 요한 바오로 2세, 교황 권고, 「봉헌생활(Vita Consecrata)」, 1996년
성 요한 바오로 2세, 교황 권고, 「평신도 그리스도인(Christifideles Laici)」, 1988년
성 요한 바오로 2세, 사도적 서신, 「구원에 이르는 고통(Salvifici Doloris)」, 1984년
성 요한 바오로 2세, 사도적 서신, 「새천년기(Novo Millennio Ineunte)」, 2001년
성 요한 바오로 2세, 사도적 서신, 「전 세계 젊은이들에게(Dilecti Amici)」, 1985년
성 요한 바오로 2세, 제14차 세계 평화의 날 담화, 1981년
성 요한 바오로 2세, 제23차 세계 평화의 날 담화, 1990년
성 요한 바오로 2세, 회칙, 「백 주년(Centesimus Annus)」, 1991년

성 요한 바오로 2세, 회칙, 「노동하는 인간(Laborem Exercens)」, 1981년
성 요한 바오로 2세, 회칙, 「생명의 복음(Evangelium Vitae)」, 1995년
성 요한 바오로 2세, 사도적 서신, 「여성의 존엄(Mulieris Dignitatem)」, 1988년
성 요한 바오로 2세, 제13차 세계 평화의 날 담화, 1980년
성 요한 바오로 2세, 제6차 세계 병자의 날 담화, 1998년
성 요한 바오로 2세, 회칙, 「사회적 관심(Sollicitudo Rei Socialis)」, 1987년
성 요한 바오로 2세, 회칙, 「자비로우신 하느님(Dives in misericordia)」, 1980년
성 요한 바오로 2세, 회칙, 「인간의 구원자(Redemptor Hominis)」, 1979년
프란치스코, 교황 권고, 「그리스도는 살아 계십니다(Christus Vivit)」, 2018년
프란치스코, 교황 권고, 「복음의 기쁨(Evangelii Gaudium)」, 2013년
프란치스코, 교황 권고, 「사랑하는 아마존(Querida Amazonia)」, 2020년
프란치스코, 교황 칙서, 「자비의 얼굴(Misericordiae Vultus)」, 2015년
프란치스코, 교황 칙서, 「희망은 우리를 부끄럽게 하지 않습니다(Spes Non Confundit)」, 2025년
프란치스코, 삼종기도와 일반 알현, 2016년 3월 12일
프란치스코, 수요 일반 알현, 2024년 1월 17일
프란치스코, "요한17운동"에 보낸 스페인어 영상 메시지, 2021년
프란치스코, "파드레 펠릭스 바렐라 문화센터에서 젊은이들에게 한 인사", 로세르바토레 로마노, 기사 6면, 2015년 9월 20일
프란치스코, 회칙, 「기뻐하고 즐거워하여라(Gaudete et Exsultate)」, 2018년
프란치스코, 회칙, 「모든 형제들(Fratelli Tutti)」, 2020년
프란치스코, 회칙, 「사랑의 기쁨(Amoris Laetitia)」, 2016년
프란치스코, 회칙, 「찬미받으소서(Laudata Si')」, 2015년
프란치스코-아흐메드 알타예브 공동 선언, 세계 평화와 더불어 사는 삶을 위한 인간의 형제애, 2019년
프란치스코, 도서, 『기도, 새 생명의 숨결』, 2021년

교황의 언어
초판 1쇄 발행일 2025년 6월 30일
초판 2쇄 발행일 2025년 8월 15일

엮은이 이광재

발행인 조윤성

편집 김화평 **디자인** 정은경 **마케팅** 박주미
발행처 ㈜SIGONGSA **주소** 서울시 성동구 광나루로172 린하우스 4층(04791)
대표전화 02-3486-6877 **팩스(주문)** 02-598-4245
홈페이지 www.sigongsa.com / www.sigongjunior.com

이 책의 출판권은 ㈜SIGONGSA에 있습니다. 저작권법에 의해
한국 내에서 보호받는 저작물이므로 무단 전재와 무단 복제를 금합니다.

ISBN 979-11-7125-823-9 (03100)

*㈜SIGONGSA는 시공간을 넘는 무한한 콘텐츠 세상을 만듭니다.
*㈜SIGONGSA는 더 나은 내일을 함께 만들 여러분의 소중한 의견을 기다립니다.
*잘못 만들어진 책은 구입하신 곳에서 바꾸어 드립니다.

WEPUB 원스톱 출판 투고 플랫폼 '위펍' __wepub.kr
위펍은 다양한 콘텐츠 발굴과 확장의 기회를 높여주는
SIGONGSA의 출판IP 투고·매칭 플랫폼입니다.

✢ 이 책은 교회의 출판 승인을 얻었습니다.
  인가 날짜: 2025년 5월 7일
  인가 교구: 서울대교구
✢ 성경·교회 문헌 © 한국천주교중앙협의회, 2025
✢ 성경과 교회 문헌의 저작권은 한국천주교중앙협의회에 있으며, 저작권 사용 승인을 받아 수록하였습니다.